저절로 손이 가는

떡· 한과 · 음청류

최봉순 저

JN409556

Gadam BOOK & DESIGN PLUS

머리말

우리 민족들이 언제부터 떡을 만들어 먹기 시작하였는지는 정확히 알 수 없지만 학자들은 삼국이 생기기 전인 부족국가 시대로 추정하고 있다.

우리나라는 오래 전부터 농사를 지으며 살아 왔다. 떡의 주재료가 되는 곡물을 생산하게 되면서 곡물을 이용한 음식이 발달하였다. 따라서 자연스럽게 곡물가루를 찌거나 끓여서 만든 음식을 만들어 먹었다. 떡 · 한과 · 음청류는 전통음식에서 중요한 자리를 차지하게 되었다. 국가에서 중요한 행사가 있을 때도 곡물을 이용한 떡 · 한과 · 음청류를 만들어 왔다. 우리 문화의 한 부분인 통과의례, 관혼상제, 시절음식, 손님맞이에서 빠질 수 없는 중요한 음식으로 등장하게 되었다.

함경북도 나진 초도 조개더미에서 구멍이 여러 개 나고 양쪽에 귀처럼 손잡이가 달린 시루가 발견되면서 시루에 곡물가루를 찌는 음식을 만들어 먹은 것을 알 수 있다. 초기에는 곡물가루를 이용하여 찌는 '시루떡'을 만들어 먹었고, 이 때 이용한 곡물가루는 조, 수수, 보리, 콩 등의 곡물가루로 추정된다. 따라서 삼국시대 이전부터 '시루떡'이나 시루에 찐 떡을 쳐서 만든 도병류(搗餠類)를 만들어 먹은 것으로 추정할 수 있다.

고려시대에는 중국문헌인 『거가필용사류』에 '고려율고'라는 떡이 등장하고, 한치윤의 『해동역사』에 고려인이 '율고'를 잘 만든다는 내용을 견문록에 소개할 정도로 우리 민족들은 솜씨가 좋았다. '율고'는 밤가루와 찹쌀가루를 쉬어 꿀물에 내린 다음 시루에 찐 밤설기의 일종이다.

조선시대에는 궁중음식과 더불어 식문화가 더욱 발전하고, 조리서의 집필이 많아지며 떡류가 200여 종에 이르게 된다.

최근에는 급격한 사회 환경의 변화로 우리 민족의 간식이자 별식인 떡이 외국의 빵이나 과자에 밀려 점차 수요가 줄어들게 되었다. 떡을 집에서 만들기 보다는 떡 방앗간이나 전문업소에서 구입하는 경우가 많다. 조선시대에 왕성했건 떡의 종류 또한 수십가지로 축소되었다.

최근들어 떡은 건강식의 개념으로 소비자들에게 접근하고 있다.

이 책은 전통의 방법을 위주로 만드는 방법을 소개하였으나 현대화 된 음식을 접하는 학생들이나 일반인들이 쉽게 이해하고 조리할 수 있도록 떡 · 한과 · 음청류를 소개하였다.

이 책을 만들 때 도와 준 제자들과 사진을 찍어준 종원이에게 고마운 마음을 전하며, 떡 · 한과 · 음청류를 만드는 사람에게도 도움이 되기를 바라며…

2017년 2월

창의관에서 저자 최 봉 순

저절로 손이 가는 **떡 · 한과 · 음청류**

목차

2. 떡 33

3. 과정류 105

4. 음청류 143

1. 떡 이야기

1. 떡의 유래와 역사

1) 떡의 유래

우리 조상들에게 떡은 평상시에 즐겨 먹기도 하고 국가나 집안의 대소사가 있는 행사 음식에도 많이 해 먹은 음식이다.

떡은 나눔과 축제의 음식으로 명절, 생일, 제사, 사람이 모이는 곳이면 빠지지 않고 등장하는 것이 바로 떡이다. 그래서 떡에 관한 속담도 셀 수 없이 많다.

'귀신 듣는데 떡 소리 한다', '떡 본 김에 제사 지낸다', '굿이나 보고 떡이나 먹지', '떡 해 먹을 집안', '밥 위에 떡' 등과 같이 떡과 관련 된 속담에는 집안의 안녕을 염원하는 마음이 담긴 내용 등 다양한 의미가 들어있다.

떡은 곡식을 가루 내어 찌거나 삶거나 기름에 지져서 만든 음식이다.

떡의 어원은 '찌다'라는 동사가 명사가 되어 찌기－떼기－떠기－떡으로 변화된 것이다.

떡의 한자어는 고(餻), 이(餌), 자(瓷), 편(片), 편(鳊), 병이(餠餌), 탁(飥) 등이 있는데 흔히 병(餠)이라고 한다.

떡이라는 글자가 문헌상으로 나타나는 조리서는 한글 조리서인 《규곤시의방(음식디미방)》에 떡을 편이라 하였고, 떡이란 호칭은 《규합총서》에 나타난다.

떡의 발달과정은 정확하게 밝혀지지는 않았지만 청동기시대의 유적지인 나진초도 패총 및 삼국시대의 고분에서 시루가 발견되고 고구려 고분 벽화에 남아 있는 그림에 떡을 찔 때 사용하는 시루가 등장한다. 이러한 사실로 볼 때 이미 그 이전부터 떡은 상용화 되었을 것으로 볼 수 있다. 그리고 삼국시대에 이르러 벼농사가 자리 잡으며 떡이 발달한 것으로 본다.

가야 수로왕 때 제사음식에 '병(餠)을 사용했다'는 기록이 나온다.

신라 초의 왕이었던 남해 차차웅과 석탈해의 이야기에도 떡이 등장한다. 두 왕자 중에 왕위를 놓고 경쟁하는 과정에서 떡을 깨물었을 때 난 잇자국이 많은 사람으로 왕위를 정했다고 한다.

신라 가야금의 대가인 백결선생이 명절이 되어도 떡을 할 쌀이 없어 상심에 젖은 아내를 위해 가야금으로 떡 찧는 떡방아소리를 내어 위로했다는 설화도 전해진다.

고려시대에 들어서며 떡이 발달하여 종류가 더 많아지기 시작하고, 조선시대에는 한글조리서의 등장과 함께 떡의 전성기라고 할 수 있다.

2) 떡의 역사

(1) 상고시대

만주 일대에서 자리 잡은 우리 조상은 오래 전 상고시대부터 떡을 만들어 즐겨온 것으로 추정한다.

우리나라의 떡은 삼국이 정립되기 이전 청동기시대의 유적인 나진초도패총에서 양쪽에 손잡이가 달리고 바닥에 구멍이 여러 개 난 시루가 출토된 것으로 보아 삼국시내 이진부디 먹어온 것으로 추론한다.

삼국시대 이전부터 농사를 지어 쌀, 조, 기장, 수수 등과 같은 곡류를 생산하였고 황해도 유적지에서 발견된 갈판과 갈돌을 도구로 사용한 것으로 본다. 이러한 도구를 이용하여 곡물을 가루로 만들어 시루에 찐 음식을 먹은 것으로 추측한다.

이 시기의 생활유적지에는 빠지지 않고 연석(갈돌)과 확돌이 발견되고 있다.

이 시기의 떡은 곡물을 가루내거나 찐 다음 절구에 쳐서 만든 도병류를 만든 것으로 짐작

할 수 있다.

떡은 농사를 마치고 감사의 제천의식으로 무천, 영고, 동맹 등의 원시종교적인 농경의례에 사용된 것으로 본다.

(2) 삼국 및 통일신라시대

삼국 통일신라시대에 이르러 쌀을 중심으로 한 농경시대가 더욱 발달하면서 곡물의 생산량이 늘어나고 쌀 이외의 곡류를 이용한 떡이 다양해지기 시작하였다.

고구려 안악 3호 고군 벽화에 시루의 모습이 보이며 무엇인가를 시루에 찌고 있는 모습이 담긴 벽화가 발견되고, 더불어 시루가 출토되고 있다.

《삼국사기》신라본기 유리왕 원년에는 유리와 탈해의 왕위계승과 관련된 기록이 나오는데 서로 왕위를 사양하자 두 사람 중 떡을 깨물어 떡에 생긴 잇자국이 많이 남아 있는 사람을 왕위에 올렸다는 기록이 있다. 당시의 떡이 어떤 종류의 떡인지는 알 수 없지만 잇자국이 날 정도로 봐서 흰떡이나 인절미, 절편류 일 가능성이 많다.

동서《열전 백결선생조》에는 신라 자비왕대(458-479년)사람인 백결선생이 가난하여 세모에 떡을 하지 못하자 거문고로 떡방아 소리를 내어 부인의 마음을 위로한 이야기가 나온다. 그 당시에도 연말에 떡을 하는 풍속이 있었음을 알 수 있다.

《삼국유사》가락국기에 제향을 모실 때의 음식이 기록되어 있는데 조정의 뜻을 받들어 세시 때마다 술, 감주, 밥, 떡, 과실, 차 등을 제향음식으로 사용하였다는 기록이 있다.

(3) 고려시대

고려시대에는 권농정책으로 떡, 죽, 밥과 같은 곡물음식이 더욱 발달하였고 세시행사나 제사음식으로 널리 사용하였으며 불교문화와 함께 식생활에 채식을 많이 먹으며 과정류가 발달하였다.

몽고와 교류가 많아지며 음식에도 영향을 끼쳐 밀가루를 술과 반죽하여 채소로 만든 소를 넣고 찐 상화(霜花)가 도입되었는데 증편과는 다르다.

《고려가요》에 보면

'쌍화점에 쌍화사러 가고 신딘
회회(回回)아비 내 손모글 주여이다
이 말씀이 이 점(店) 밖을 나명들명
다로러거더러 죠고맛감 삿기 광대
네 말이라 호히라' 고 하였다.

이 노래는 고려의 수도인 개성 부근에서 유행되던 속요이다.

당시 고려에 와 있었던 아리비아 상인과 고려 여인과의 관계를 노래한 것이다. 쌍화점이 등장한 것으로 보아 '상화'를 파는 가게가 있었음을 알 수 있다.

《지봉유설 1613년》송사(宋史)의 기록에 '고려에서는 상사일(음력3월3일)에 '청애병'을 으뜸가는 음식으로 삼았다. 어린 쑥 잎을 쌀가루에 섞어 찐 것이다.'라고 하여 여러 가지 부재료를 섞었음을 알 수 있다.

중국의 문헌인《해동역사 1765년》에 고려인이 '율고'를 잘 만든다는 견문이 소개되고 있다. 또한《거가필용 원나라 초기》에 '고려율고'라는 떡을 소개하고 있다. 율고는 밤가루와 찹쌀가루를 섞어 꿀물에 내려 시루에 찐 떡이다.

이 밖에도《고려사》에 광종이 걸인에게 떡을 시주하였고, 신돈이 떡을 부녀자에게 던져 주었다는 기록이 남아 있다.

고려시대에는 떡이 일반화 되었으며 다양한 재료를 사용하게 되었음을 알 수 있다.

(4) 조선시대

조선시대에는 농업기술의 발달로 떡의 종류가 다양해졌고 사치스럽기까지 하여 떡의 전성기라고 할 수 있다. 궁중과 반가를 중심으로 떡이 발달하였으며 유교의 영향으로 관혼상제 등의 의례가 깊숙이 뿌리 내리며 다양한 떡이 전통음식으로 만들어졌다. 다양한 곡물에 과실, 꽃, 야생초, 약재 등의 첨가로 빛깔, 모양, 맛에 변화를 주었다. 감미료로 조청, 꿀, 설탕 등을 사용하였고 소와 고물로 참깨, 밤, 대추, 석이잣, 버섯, 팥, 콩 이외에 다양한 곡류 등을 사용하였다.

조선시대의 떡에 관한 문헌으로 《도문대작》, 《음식지미방》, 《음식보》, 《증보산림경제》, 《규합총서》, 《임원십육지》, 《동국세시기》, 《지봉유설》, 《음식방문》, 《시의전서》, 《부인필지》, 《주방문》, 《조선요리》, 《규곤요람》, 《조선상식》, 《성호사설》, 《열왕세시기》 등이 있다.

떡은 궁중과 반가를 중심으로 더욱 사치스럽게 발전하여 음식조리서에 등장하는 떡의 종류만 해도 198가지에 이르렀다. 떡을 만드는 재료만 해도 95가지가 등장한다.

궁중에서는 각색 메시루떡, 각색 차시루떡, 각색 조악, 각색 단자 등을 높이 1자 8치로 높게 고여 사용하였다는 기록을 볼 수 있다. 떡 위에는 다양한 상화를 만들어 꽂아 화려함을 더했다.

조선시대 대표적인 문헌으로 《음식지미방 1670년》에 보면 석이편법, 밤설기법, 전화법, 빈잡법, 잡과법, 상화법, 증편법, 섭산산법 등 8가지의 떡 만드는 법이 기록되어 있다.

《규합총서 1815년》에는 석복령조화고, 백설고, 권전병, 유자단자, 원소병, 승검초단자, 석탄병, 도행병, 신과병, 혼돈병, 토란병, 남방감저병, 잡과편, 증편, 석이병, 두텁떡, 상화, 무떡, 백설기, 빙자, 대추조악, 꽃전, 송편, 인절미 등의 떡과 만드는 법이 기록되어 있다.

조리서 중 근대의 조리서인 《조선무쌍신식요리제법 1924년》에 기록되어 있는 떡은 찌는 떡 37종, 치는 떡 19종, 삶는 떡 7종, 지지는 떡 16종, 떡 곰팡이 안 나는 법 등 약 80여종이 된다.

(5) 근대 이후

19세기 말 일본의 침입과 6 · 25전쟁을 겪으면서 밥 대용식과 별식으로 자리 잡고 있었던 떡은 점차 사라져가고, 급격한 사회 환경 변화로 서양의 빵에 의해 떡의 자리가 밀려나게 되었다. 더불어 산업화의 영향으로 집집마다 만들어 먹던 떡은 점차 떡 전문점에서 만들어지고 있다. 집집마다 만들어 먹던 다양하던 떡은 생산하기 좋은 떡으로 축소되기 시작하였다. 하지만 중요한 행사나 모임에 아직도 빠지지 않는 필수적인 음식임에는 틀림이 없다. 지금도 서민들에게 인기가 좋은 떡은 팥시루떡, 콩설기, 콩찰편, 송편, 개피떡, 인절미, 쑥떡, 두텁단자 증편 등이 있으며 점차 현대인의 기호에 맞는 작고 건강에 좋은 떡으로 발전하고 있다.

2. 떡의 종류

떡의 종류는 만드는 조리법에 따라 네 가지로 나눌 수 있다.

1) 찌는 떡

가장 오래 전부터 만들어 왔던 떡이 찌는 떡이라 할 수 있다. 가장 기본이 되는 떡으로 쌀가루에 물을 주어 찜기에 쪄 낸 떡이다. 멥쌀가루나 찹쌀가루를 찌기도 하고, 그 외 곡류인 서속기장, 조 등을 찌기도 하고 섞어서 쓰기도 한다.

또한 떡은 들어가는 재료에 따라 다양한 이름으로 불린다. 멥쌀가루로 찌는 떡에는 백설기, 백편, 각색편, 승검초편, 쑥설기, 수리취떡, 느티떡, 승검초편, 녹두편, 물호박떡, 시루떡, 팥시루떡, 무지개떡, 상추떡, 잡과병, 두텁떡 등이 있다.

찹쌀떡에는 찰편, 콩찰편, 녹두찰편, 거피팥찰편 등이 있다.

주재료에 섞어 쓰는 부재료는 두류, 견과류, 과일류, 약이성 초본류, 버섯류, 채소 및 향신료 등을 사용한다.

감미료는 꿀, 설탕, 조청 등을 넣는다.

고물은 콩, 팥, 깨, 녹두 등을 껍질을 벗겨 사용하기도 하고 그대로 사용하기도 한다.

2) 치는 떡

치는 떡은 도병이라고 한다. 쌀알이나 가루를 시루에 찐 다음 안반이나 절구에 치서 만든 떡이다. 주재료는 멥쌀이나 찹쌀로 멥쌀도병, 찹쌀도병이 있다. 멥쌀도병으로는 절편, 흰가래떡, 개피떡 등이 있고 찹쌀도병으로는 인절미가 있다.

3) 삶는 떡

곡식가루에 물을 넣고 반죽하여 성형 한 다음 끓는 물에 삶는 떡이다.

경단은 곡식가루에 물을 넣고 반죽하여 성형 한 다음 끓는 물에 삶은 후 고물을 묻히는 떡이다. 경단은 소를 넣기도 하고 넣지 않고 만들기도 한다.

4) 지지는 떡

찹쌀, 수수 등 곡식가루를 물로 반죽하여 성형한 후 기름에 지지는 떡이다. 주악, 화전, 부꾸미, 곤떡 등이 있다.

5) 기타 떡류

곡식가루를 반죽하여 성형 한 후 찜기에 김을 올려 찌는 송편류처럼 빚어 찌는 떡이 있다. 현대에 들어와서 퓨전떡이 다양하게 만들어지며 떡을 만드는 방법도 점차 다양해지고 있다.

약식(약반)은 약이 되는 음식이라는 뜻으로 찹쌀을 불려 찜기에 쪄서 간장, 꿀, 참기름, 견과류를 섞어 다시 찐 음식이다. 『삼국유사』에는 신라 재위 10년에 까마귀가 소지왕의 목숨을 구해준 은혜에 보답하는 뜻으로 까마귀가 좋아하는 대추와 밤으로 약식을 지어 까마귀에게 먹도록 했다는 설화가 전해진다.

〈떡의 종류〉

떡의 종류	떡의 명칭
찌는떡	백설기, 구선왕도고, 서속떡, 각색편, 잡과병, 상주설기, 물호박떡, 무시루떡, 상추떡, 감고지떡, 찰옥수수시루떡, 율고, 석탄병, 복령떡, 귤병편, 약편, 느티떡, 호박편, 신과병, 모시잎떡, 깻잎떡, 모듬백이, 녹두찰편, 구름떡, 송편, 부편, 약식, 증편, 방울증편
치는떡	절편, 가래떡, 개피떡, 여주산병, 고치떡, 쑥굴레, 달떡, 좁쌀떡, 꽃산병, 감자찰떡, 골무떡, 꽃절편, 호박단자, 감단자, 해장떡, 감떡, 인절미
삶는떡	각색경단, 굴물경단, 오메기떡, 두텁단자, 율무단자, 차수수경단, 잣구리, 도향병, 꼬장떡, 오그랑떡, 닭알떡,
지지는떡	진달래화전, 장미화전, 국화전, 꽃전, 주악, 부꾸미, 산승, 메밀전병, 총떡, 곤떡, 섭산산병, 찰부꾸미, 노티떡, 잡곡부치개, 토란병, 빙떡, 개성우메기, 서여향병

3. 세시풍속과 떡

우리 풍속에는 1년 내내 달마다 떡을 빚어 먹는다는 노래도 있다.

정월에는 가래떡이요, 정월 보름에는 달떡이요, 이월 한식에는 송편이, 삼월 삼짇날에는 쑥떡이로다. 사월 팔일에는 느티떡, 오월 단오에는 수리취떡, 유월 유두 밀전병이라, 칠월 칠석 수단이요, 팔월 한가위 오려 송편, 구월 구일 국화떡이라, 시월상달에는 무시루떡, 동짓달 동지에는 새알심, 섣달그믐에 골무떡이로다.

정월 초하루인 설날은 흰 가래떡을 만들어 가래떡처럼 재산이 늘어나는 것을 연상하고, 가래떡을 동글동글하게 썰어 쌓여 있는 모습이 엽전이 쌓여 있는 모습과 같아 재화가 가득하기를 염원하였다.

정월 대보름에는 일 년 중 가장 크고 밝은 달을 보며 농경문화에 풍요로운 삶을 연상하며 달떡을 만들이 먹었다.

이월 중화절에는 삭일송편을 큼직하게 만들어 노비들의 나이만큼 만들어 먹으며 일 년 농사의 풍요를 기원하였다.

삼월삼짇날에는 부녀자들이 들판에 나가 진달래꽃을 따서 화전을 만들어 먹으며 봄을 즐기는 문화가 있었다.

사월 한식과 초파일에는 쑥을 뜯어 떡을 만들어 먹고, 여린 느티나무 잎으로 떡을 만들어 먹으며 설기떡을 만들었다.

오월 단오에는 취를 뜯어 절편을 만들어 먹으며 여러 가지 문양을 넣은 떡을 만들었다. 수레바퀴 모양의 떡살을 찍어 수레바퀴처럼 일 년 열두 달 둥글둥글 잘 굴러가기를 바랐다.

유월 보름에는 상화병이나 밀전병을 만들어 먹기도 하고, 떡수단을 만들어 꿀물을 넣고 더위를 준비하기도 했다.

칠월에는 더위가 기승을 부리는 삼복이 있어 쉽게 상하지 않게 고물이 없는 백설기, 증편을 만들어 먹었다.

팔월 보름 추석에는 햅쌀이 나는 시기로 올벼로 만든 오려송편을 만들어 먹었다. 송편을 찔 때는 솔잎을 사이사이에 깔아 솔잎의 모양이 자연스럽게 나게 하고, 솔향으로 쉽게 상하지 않도록 하는 지혜가 있었다.

구월 구일 중양절에는 들판으로 나가 작은 국화꽃을 따서 국화주를 빚기도 하고 찹쌀반죽을 동글납작하게 빚어 국화꽃을 얹어 국화전을 만들기도 하였다.

시월상달은 일 년 중 가장 으뜸가는 날이라는 의미가 있다. 한 해의 농사를 마무리하며 풍요로운 수확을 하여 조상께 감사를 올리는 마음으로 팥시루떡을 하여 고사를 지냈다. 붉은 팥을 고물로 사용하여 모든 악귀를 몰아내고 안녕을 바라는 마음이 담겨있다.

동지는 일 년 중 낮의 길이가 가장 짧고 밤의 길이가 가장 긴 날이다. 이 날은 찹쌀가루로 새알심을 빚어 붉은 팥으로 팥죽을 끓여 먹었다. 붉은 팥에는 비타민 C가 많아 겨울철의 영양을 보충하기도 했다.

섣달 납일은 동지 뒤 셋째 미일(未日)로 천지신명께 제사를 지내는 날이다. 이 날은 팥소를 넣고 골무떡을 만들어 먹고, 그믐에는 온시루떡을 해서 고사를 지내기도 했다.

이와 같이 우리는 계절마다 절기마다 자연이 주는 산물로 어울리는 음식을 먹었는데, 그중에 떡이 중요한 음식으로 일 년 내내 만들어 먹어왔다.

〈절기 떡〉

월	절기	떡의명칭
1월	정월초하루, 정월대보름	가래떡 달떡, 약식
2월	중화절	삭일송편
3월	삼짇날	진달래화전
4월	청명 한식, 석가탄신일	쑥떡, 느티떡
5월	단오	수리취떡
6월	유두절	떡수단
7월	칠석, 삼복	백설기, 증편
8월	한가위	오려송편
9월	중양절	국화떡
10월	상달	무시루떡
11월	동지	팥죽
12월	납일	골무떡

4. 향토떡

우리나라는 지형적으로 삼면이 바다로 둘러 싸여 있고, 남북으로 길게 뻗어 지방마다 먹는 떡도 다양하다.

〈지방 떡의 명칭〉

지방	떡의 명칭
서울, 경기도	여주산병, 배피떡, 개성우메기, 개성경단, 백령도김치떡, 쑥버무리
강원도	감자시루떡, 메밀총떡, 도토리송편, 칡송편, 옥수수시루떡, 감자떡, 언감자떡, 방울증편,
충청도	해장떡, 모듬백이, 곤떡, 호박떡, 호박송편, 호박범벅, 칡개떡, 햇보리개떡
경상도	잡과편, 모시잎송편, 만경떡, 감단자, 밀양경단, 유자잎인절미, 도토리찰시루떡, 쑥굴레, 결명자찹쌀부꾸미, 칡떡, 잣구리, 부편
전라도	보리떡, 밀기울떡, 구기자떡, 고치떡, 콩대기떡, 차조기떡, 주악, 감고지떡, 감단자, 감인절미, 나복병, 수리취떡, 복령떡, 송피떡, 모시송편, 깨시루떡
제주도	오메기떡, 도돔떡, 좁쌀시루떡, 차좁쌀떡, 돌레떡(경단), 빙떡, 삐대기떡, 조침떡, 상애떡, 달떡,
황해도	오쟁이떡, 메시루떡, 무설기떡, 큰송편, 연안인절미, 혼인절편, 꿀물경단, 잡곡부치개, 닭알떡, 수리취인절미
평안도	조개송편, 노티, 찰부꾸미, 무지개떡, 송기개피떡, 송기절편, 골미떡, 뽕떡, 강냉이골무떡,
함경도	감자찰떡, 언감자떡, 기장인절미, 달떡, 오그랑떡, 구절떡, 콩떡, 깻잎떡, 귀리절편, 꼽장떡

5. 떡과 영양

멥쌀, 찹쌀, 보리 등 곡류나 감자, 고구마 같은 서류에는 저장 탄수화물인 전분이 다량 함유되어 있다. 전분은 물보다는 무거워 물속에서 침전된다. 전분은 포도당의 수가 수백~수천개 중합한 것으로 아밀로스와 아밀로팩틴 두 종류가 있다. 아밀로스는 직선상의 구조를 갖고 있고 아밀로팩틴은 나뭇가지 모양의 가지가 많은 구조를 갖고 있다. 아밀로스와 아밀로팩틴의 함유량이 각각 다르기 때문에 익기 시작하는 시간, 온도, 끈끈한 정도, 굳는 정도, 분해되는 정도가 각각 다르다.

떡은 쌀가루를 주재료로 하여 여러 가지 부재료를 넣어 만들어진다. 주재료인 멥쌀과 찹쌀에는 탄수화물이 들어 있고, 고물로 사용하는 콩, 팥, 녹두, 동부콩 등에는 식물성 단백질이 풍부하고 흰깨, 흑임자에는 질 좋은 지방산이 들어있다. 부재료로 넣는 밤, 대추, 호두, 잣, 호박씨, 땅콩 등과 같은 견과류에는 지방이 들어있다. 또한 부재료로 쓰이는 딸기, 살구, 사과, 감, 유자 등 여러 가지 과일과 무, 호박, 고구마, 상추, 느티잎, 쑥잎 등의 근채류에는 비타민과 무기질이 들어 있어 영양소를 고루 갖춘 음식 중의 하나이다.

이와 같이 떡은 여러 가지 잡곡류, 견과류, 과일류, 채소류, 한약재 등을 섞어 만들고 있는데 영양소 뿐 아니라 떡을 씹는 질감을 좋게 하고 있다. 다양한 재료를 넣고 하는 떡은 영양소 간의 상승작용 또한 기대할 수 있어 식사대용으로도 좋은 음식이다.

〈떡에 사용하는 재료〉

종 류	재 료
곡 류	멥쌀, 찹쌀, 차수수, 좁쌀, 기장, 율무, 메밀, 찰옥수수, 보리, 현미 등
두 류	청태, 황태, 흑태, 팥, 녹두, 동부, 완두콩, 강낭콩 등
견과류	잣, 땅콩, 호도, 깨, 밤, 도토리, 은행 등
과일류	사과, 감, 홍시, 귤, 유자, 곶감, 대추, 산수유, 모과, 앵두, 살구, 살구씨, 복숭아씨, 참다래 등
채소류	쑥, 수리취, 상치, 느티잎, 생강, 호박, 석이버섯, 무, 근대, 차조기, 감자, 고구마, 토란, 칡, 마 등
꽃 류	진달래, 아카시아, 맨드라미, 배꽃, 노란 장미, 국화, 연꽃 등
한약재류	백복령, 산약, 능이, 백변두, 시상, 검인, 당귀, 승검초, 오매, 인삼, 지초, 산사, 구기자, 의이인, 용안육 등
천연색소	송화, 오미자, 백련초가루, 딸기가루, 지초, 포도즙, 계피, 치자, 당근가루, 녹차가루, 뽕잎, 시금치잎, 파래, 흑임자가루, 석이가루 등

떡이나 한과에 사용하는 색은 천연의 재료를 사용하고 있다. 붉은색으로는 오미자, 딸기, 백년초, 자주고구마가루, 지초 등을 사용한다. 노란색으로는 단호박, 치자 등을 사용하고, 파란색으로는 쑥, 파래, 승검초, 녹차가루, 상엽(뽕나무잎) 등을 사용한다. 검정색으로는 흑임자, 석이버섯을 사용한다. 이와 같이 자연에서 식재료를 얻을 뿐만 아니라 향약성의 효과까지 더하게 된다.

우리 조상은 음식을 생각하면 약식동원(藥食同元)이라 하여 '음식이 곧 약이다.' 라는 의식을 갖고 있다. 떡을 만들 때도 약(藥)의 개념으로 만들어 먹어왔다. 구선왕도고는 궁중에서도 먹어 왔던 떡으로 의이인가루(율무가루), 연육가루, 산약가루, 백변두가루, 백봉령가루, 맥아가루, 능인가루, 시상가루 등을 넣고 만든 떡이다. 『동의보감』이나 『규합총서』에서 "정신을 기르고 원기를 부양하며 비위를 건강하게 하고 음식을 증진시키며 폐병을 보하고 기육(肌肉)을 낳으며 습열을 없앤다."고 기록하고 있다.

복령조화고는 백봉령가루, 연자육가루, 산약가루, 검인가루 등이 들어가는 떡으로 정기를 보하고 귀와 눈을 밝게 하며 허리나 무릎이 아픈 데에도 효과가 있는 것으로 알려져 있다.

전라도의 대표적인 떡인 구기자떡은 간신음허(肝腎陰虛), 즉 간과 신장이 건강하지 못할 때 어지럼증, 불면증, 해열제, 소갈증, 폐기능이 허약할 때 도움을 주는 떡이다.

승검초편은 당귀의 잎을 넣어 하는 떡으로 여성들에게 보혈작용, 원기회복, 갱년기장애 혈액순환장애에 도움을 주는 기능이 있다.

쑥을 이용한 쑥인절미나 쑥개떡은 현대인들의 아침 대용식으로 애용되고 있는데 맛 뿐 아니라 향이 좋아 식욕을 좋게 하고 위장을 튼튼하게 한다. 쑥을 많이 넣을 경우 쑥의 풍부한 섬유질이 떡을 덜 굳어지게 하여 노화지연에도 효과가 있다.

무시루떡은 멥쌀에 부족한 비타민 B1을 보충해 주고, 무의 아스코르빈산(ascorbic acid), 디아스타제(diastase) 효소가 들어있어 소화가 잘되게 하는 역할을 하는 떡이다.

조선시대는 떡의 전성기라고 할 수 있다. 『음식디미방』에는 30가지 이상의 떡이 기록되어 있고, 『규합총서(閨閤叢書). 1815년』에는 석탄병 · 백설고 · 혼돈병 · 복령조화고 · 도행병 · 무떡 · 신과병 · 토란병 · 송기떡 · 서여향병 · 석이병 · 상화 · 밤소악 · 내수조악 · 유자단자 · 권전병 · 원소병 · 승검초단자 · 남방감저병 · 잡과편 · 증편 · 두텁떡 · 석탄병 · 백설기 · 빙자 · 꽃전 · 난면 등 27종 떡이름과 만드는 법이 기록되어 있다.(윤숙자)

증보산림경제에는 잡과떡 · 밤떡 · 쑥단자 · 진달래화전 · 국화전 · 살구떡 · 복숭아떡 · 화병 · 보리떡 · 송피떡 · 풍악석이떡 등 11가지의 떡이 기록되어 있다.

6. 한과

우리나라의 전통과자는 '과즐'이라 불렀다. 요즘은 외국의 과자와 구분하기 위하여, 중국의 '한과(漢菓)'라는 말과 다르게 우리나라의 한과(韓菓)라는 말로 부르고 있다.

과즐의 기원은 과일이 생산되지 않는 계절에 과일 모양을 본떠서 만들었다고 전해진다. 그래서 '조과(造菓)'라고 부르기도 하였다.

고려시대에 과즐에 대한 기록이 있지만 그 이전부터 먹어 온 것으로 보인다. 고려시대에는 불교의 영향으로 음다풍속이 있었는데 차와 함께 먹을 수 있는 다식과 유밀과가 발달하였다. 조선시대에 와서 상차림이 발달하며 과즐은 떡과 함께 중요한 음식 중 하나로 자리 잡았다. 또한 왕실과 귀족들을 중심으로 다양한 상차림에 만들어지기 때문에 나라에서는 과즐 금지령을 내리기도 할 정도로 사랑받는 음식이었다. 명종 때에 유밀과의 재료인 기름과 꿀이 품귀현상이 일어나며 유밀과 금지령이 내려지고 공민왕도 유밀과 금지령을 내렸다. 유밀과는 지금의 약과로 기름에 지져 여러 가지 모양으로 만들어지는 음식이다.

통일신라시대에 불교 행사 제물로 사용한 유밀과는 왕실과 귀족들에게 기호식품으로 자리 잡으며 유행하였다. 충렬왕 22년에 몽고의 공주를 왕비로 맞이하는 잔칫상에 올렸다는 기록이 있는 것으로 보아 고급스런 음식임을 알 수 있다.

고유의 음식인 한과의 종류는 다양하다. 유밀과, 유과, 다식, 숙실과, 정과류, 과편, 엿강정 등을 말한다.

1) 유밀과

유밀과는 밀가루나 곡물가루에 참기름과 꿀을 넣어 기름에 튀겨낸 과자이다. 유밀과는 한과 중 가장 대표적인 것으로 사치스러운 한과로 알려진다. 유밀과의 대표적인 과자인 약과는 크기에 따라 대약과, 소약과 등이 있으며 모양에 따라 모약과, 다식과, 만두과, 연약과, 매작과, 차수과 등이 있다. 약과는 고려시대부터 제사음식으로 오르는 중요한 한과 중에 하나이며 중국에서도 인기가 있어 '고려병'으로 알려질 정도이다. 고려시대에는 자연의 모양을 본떠서 새 모양, 붕어 모양, 과실 모양을 많이 사용했으며 조선시대에는 사각모양, 국화모양 등이 있었다. 사각모양을 모약과라 하여 높이 올리는 고임상에 사용되기도 했다.

유밀과 중 박계류는 밀가루에 소금을 넣고 반죽하여 모양을 낸 후 높은 온도에서 지져 낸 중박계, 대박계 등이 있어서 제사음식에 사용했다.

2) 유과

유과는 강정류라고도 하는데 가볍게 부서지며 입에 들어가면 사르르 녹는 맛이 으뜸이다. 유과는 찹쌀가루를 떡을 하여 말려서 기름에 튀겨 고물을 묻힌 과자를 말한다.

강정류는 찹쌀가루에 술과 콩물을 넣고 반죽하여 쪄서 말렸다가 기름에 지져 고물을 묻힌 한과이다.

강정류는 『음식지미방, 1670년』에 만드는 방법이 나와 있는데 반죽을 쪄서 꽈리가 일도록 쳐서 말리라고 나와 있다.

『성호사설, 1763년경』에 강정이 나와 있고, 『규합총서, 1815년』 에는 매화산자가 기록되어 있다.

『열왕세시기, 1819년』에는 제사를 드리는데 있어서 강정이 으뜸이라고 기록이 있다.

『동국세시기, 1849년』에는 "강정은 설날과 봄철에 인가의 제물로 '실과행례'에 들며, 세찬으로 손님을 접대할 때는 없어서는 안 될 음식이다."라고 기록되어 있다.

강정류에는 강정류와 산자류가 있다. 강정류는 모양에 따라 밥풀산자, 세반산자, 매화산자, 연사과, 빈사과, 감사과 등이 있다.

강정류는 고물에 따라 깨강정, 흑임자강정, 계피강정, 송화강정, 승검초강정, 잣강정, 콩강정 등이 있다.

3) 다식류

다식은 볶은 곡물가루나 송화가루에 꿀을 넣고 반죽하여 다식판에 박아 낸 한과이다.

다식은 기본재료에 따라 콩다식, 쌀다식, 송화다식, 황률가루로 만든 황률다식, 밀가루를 볶아서 만든 진말다식, 검은 깨로 만든 흑임자다식, 녹두녹말로 만든 녹말다식 등 종류가 다양하다.

다식은 재료 그대로의 맛과 꿀의 단맛이 어우러져 조화로운 맛을 내고 있으며 잔칫상이나 제사상에 빠지지 않고 오른다. 또한 다양한 문양의 다식판이 있어 꽃문양, 창살무늬, 복을 비는 글자 문양 등의 다양한 모양의 다식이 있다.

4) 숙실과류

숙실과는 과실을 익혀서 다시 과실 모양으로 만든 것이다.

숙실과는 과실이나 열매를 그대로 익혀 꿀에 졸인 것으로 초(炒)와 란(卵)으로 나눌 수 있다. 초(炒)는 과실이나 열매를 통째로 익혀 모양을 그대로 살려 꿀이나 설탕에 졸인 것이다. 밤초, 대추초가 있다.

란(卵)은 과실이나 열매를 삶아 익혀 잘게 다지거나 으깬 뒤 꿀이나 설탕에 되직하게 졸여 다시 원래의 모양과 비슷하게 만든 것이다. 생란, 율란, 조란 등이 있다.

5) 정과류

정과는 과실이나 채소를 설탕이나 꿀을 넣고 조린 것이다.

정과는 과일이나 채소 등의 뿌리, 열매, 줄기를 데쳐 설탕, 꿀, 조청을 넣고 조려서 꾸득꾸득 말린 것으로 달고 쫄깃한 맛이 일품이다. 꾸득꾸득 말린 것이어서 저장해 두고 먹을 수 있어 명절이나 잔칫상에 어울리는 음식이다. 또한 차와 함께 먹기에 좋아 많이 만들어 먹어 왔던 음식이다.

정과에는 연근정과, 무정과, 당근정과, 감자정과, 수삼정과, 생강정과, 모과정과, 귤정과, 사과정과 등 이용할 수 있는 재료가 많이 있다.

6) 과편류

과편은 과실이나 열매를 삶아 녹말가루, 설탕, 꿀을 넣고 조려 묵처럼 굳힌 것이다.

과편은 제철과일에 식물성 전분을 이용하여 은근한 불에 조려 엉겨 붙으면 틀에 담아 차갑게 식힌 음식이다. 과일의 맑고 투명한 색이 아름답고 쫀득한 맛이 좋은 음식으로 딸기, 복숭아, 살구, 앵두, 지두, 포도, 오미자, 복분자 등을 이용하여 만들 수 있다.

7) 엿강정류

엿강정은 견과류나 콩, 깨 등을 볶아서 조청이나 꿀에 버무려 만든 한과이다.

엿강정류에 사용되는 조청은 곡류를 엿기름으로 당화시켜 약한 불에서 진한농도가 될 때까지 오랜 시간 고아서 만든 것으로 질감이 부드럽고 은근한 맛이 나며 단맛이 좋다. 이렇게 만들어진 조청으로 엿을 만들기도 하고 한과류나 반찬을 만들 때 사용하여왔다. 엿은 조청을 되직한 농도가 날 때까지 고아서 식혀 딱딱하게 굳힌 것으로 생강, 호박 등의 재료를 이용하여 만들어 먹었다.

7. 음청류

우리나라는 산이 많고 더불어 계곡의 물이 맑아 세계적으로 물맛이 좋은 나라이다. 삼국시대부터 고려시대에 걸쳐 불교의 영향으로 음다문화가 발달하였는데 왕족과 귀족들을 통해 유행이 되었고 백성들은 숭늉과 물을 마셨다. 조선시대에 와서는 불교가 배척되면서 차문화가 쇠퇴하고 다양한 음청류가 발달하는 계기가 되었다.

우리의 고유한 음료는 화채, 밀수, 식혜, 수정과, 탕, 장, 차, 갈수, 숙수, 즙, 우유 등이 있다. 시원하게 먹는 음청류로는 식혜, 수정과, 배숙, 유자화채, 오미자화채, 원소병, 떡수단 등이 있다.

중국의 문헌인 『양서, 고구려조』에는 "고구려인들은 윤수(潤水)를 마신다."고 하였는데 윤수는 산골자기의 물을 말한다. 또한 중국 양대의 『본초학』 에서 우리나라의 오미자가 제일 품질이 좋다고 기록되어 있고, 송대의 『본초도경』에는 신라에서는 박하를 말려서 차를 마신다는 기록이 있다.

『삼국유사, 가락국기』에 "수로왕이 왕후를 맞이할 때 신하들과 노비에게 음료를 하사하였다."는 기록이 있는 것으로 볼 때 삼국시대 이전부터 음료를 마셔온 것으로 볼 수 있다.

『삼국사기』 에는 우리나라에 차를 처음 들여온 사람은 신라 흥덕왕 3년 겨울 당나라에 사신으로 갔던 김대렴이 차 종자를 가져왔다고 기록되어 있다. 김대겸은 차의 종자를 왕의 명으로 지라산에 심었다. 그 이전 선덕여왕때부터 차를 마시기는 했으나 차나무가 퍼지게 되면서 성행하였다고 볼 수 있다.

고려시대에는 차 문화가 더욱 발전하여 국가의 큰 행사인 연등회, 팔관회 등 제례 뿐 아니라 크고 작은 연회나 외국에서 사신이 왔을 때 반드시 차를 올렸다. 또한 차를 관장하는 다방(茶房)과 차를 재배하는 다촌(茶村)이 있었다는 것은 차 문화가 성행하여 깊숙이 자리잡고 있음을 알 수 있다.

조선시대에는 숭유억불정책으로 차를 마시는 풍속이 사라시고 승려나 일부 양반층에서

만 마시게 되었다. 승려들이 산 속으로 자리 잡으며 차 문화는 쇠퇴하였다. 그러나 조선시대 말에 초이선사가 동다송(東茶)을 지어 우리 차의 우수성과 함께 차 문화를 정립하게 되었다. 또한 녹차 대신 국화차, 감잎차, 모과차 등의 대용차 또는 식혜, 수정과, 화채 등의 음료가 자리를 대신하게 되었다.

『동의보감』에는 향이성 재료를 이용한 차가 소개되고 있는데 제호탕, 생맥산, 쌍화탕, 사물탕 등의 음료가 기록되어 있다.

『시의전서』에는 여러 가지 화채가 나와 있는데 자세하게 조리법까지 기록되어 있다. 앵두화채, 복숭아화채, 복분자화채, 장미화채, 두견화채 등이 나와 있어 화채가 일반적인 음료로 대중화 되어 있음을 알 수 있다.

『임원십육지』에는 장(漿), 두즙(豆汁), 갈수(渴水), 숙수(熟水), 탕(湯), 차(茶) 등으로 음료를 분류하여 기록되어 있다.

화채에 대한 기록은 『동국세시기, 1849년』 에 곶감 삶은 물에 새앙, 잣을 함께 넣은 음료로 수정과에 대한 기록이 나온다.

숙수에 대한 기록은 유중림의『증보산림경제, 1766』에 "숙수란 향약초를 달여서 만든 것으로 송나라 사람이 즐겨 마시던 것이다. 우리나라에서는 밥을 지은 뒤 솥바닥에 눌어붙은 밥에 물을 붓고 끓인 것을 숙수(숭늉)라 한다. 이름은 같고 실물은 다르다."고 기록되어 있다. 농경을 주로 했던 서민들은 밥을 하고 눌은 누룽지에 물을 부어 구수하게 끓여 마시는 숭늉을 일상적으로 먹어 왔고 지금도 좋아하는 음료 중의 하나이다.

2. 떡

찌는 떡

백설기
무지개떡
대추고약편
커피떡케익
흑임자편
쑥버무리
신과병
백편
콩찰편
상추떡
팥시루떡
두텁떡
삼색송편
모시잎송편
흑임자구름떡
약식
찹쌀파이떡
떡샌드위치

백설기

재료. 멥쌀가루 7컵, 물 7~10큰술, 설탕 1/2컵

만드는 법

1. 멥쌀은 깨끗이 씻어 물에 8시간 담갔다가 물기를 빼고 방아에 빻아 멥쌀가루를 만든다. 멥쌀가루에 소금을 넣고 체에 내린다.(사진1)
2. 멥쌀가루에 물을 넣고 손으로 잘 비벼 중간체에 내린 후 설탕을 넣어 고루 섞는다. 물의 양은 쌀가루의 수분 상태에 따라 조절한다.
3. 시루에 쌀가루를 고루 펴서 담아 편평하게 안친다.(사진2)
4. 떡을 안치고 솥에 올리기 전에 칼집을 넣고 마른 면보를 씌운다.(사진3)
5. 시루에 김이 오르면 약20분 정도 찐 후 약한 불에서 5분간 뜸을 들인다. 꼬치로 찔러 보아 흰 가루가 묻어나지 않으면 불을 끈다.

①

②

③

무지개떡

재료. 멥쌀가루12컵, 흑임자가루 2T, 치자물 2개, 딸기시럽 혹은 오미자물 2T, 쑥가루 2T, 설탕 1/2컵

만드는 법

1. 멥쌀가루에 설탕과 수분을 주고 고운 체에 친다.(사진1)
2. 체친 멥쌀가루를 중량을 재어 균일하게 5 등분으로 나눠 놓는다.
3. 1/5 체친 멥쌀가루에 흑임자 2T을 고루 섞어 다시 고운체에 내린다.
4. 남은 1/5 체 친 멥쌀가루에 치자물 1T, 다른 1/5 체 친 멥쌀가루에 딸기시럽을 고루 섞어 고운체에 내린다.
5. 쑥가루는 물 1T에 개어서 1/5 체 친 가루에 섞어 고운 체에 내린다.(사진2)
6. 색깔이 진한 색을 아래로 해서 흑임자, 쑥가루, 딸기(오미자), 치자, 흰색 가루 순으로 안친다.(사진3)
7. 김이 오르면 20분정도 시루에 찐다.(사진4)

①

②

③

④

대추고약편

재료. 멥쌀가루 5컵, 소금 1작은술, 대추고 1/2컵, 막걸리 1/4컵, 설탕 3큰술
고명. 밤 3개, 대추 3개, 석이 1장, 잣 1작은술

만드는 법

1. 멥쌀은 깨끗이 씻어 물에 8시간 담갔다가 물기를 빼고 방아에 빻아 멥쌀가루를 만든다. 멥쌀가루에 소금을 넣고 체에 내린다.
2. 멥쌀가루에 대추고를 넣고 손으로 비벼 섞는다.(사진1)
3. 멥쌀가루에 막걸리를 넣고 잘 섞어 중간체에 내려 설탕을 섞는다.(사진2)
4. 밤은 껍질을 벗기고, 대추는 돌려 깎아 씨를 빼고 각각 곱게 채 썬다.(사진3)
5. 석이는 깨끗이 손질하여 채 썰고, 잣은 반으로 갈라 비늘잣을 만든다.
6. 떡틀에 멥쌀가루를 넣고 고명을 올린다.(사진4)
7. 찜기에 김이 오르면 뚜껑을 덮어 15분 정도 찐 후 불을 줄여 5분간 뜸 들인다.

①

②

③

④

커피떡케익

재료. 멥쌀 3컵, 소금 1/2작은술, 설탕 3큰술
커피물. 커피가루 1큰술, 끓는물 2큰술
고명. 밤 2개, 대추 2개, 호박씨 3g

만드는 법

1. 멥쌀가루에 소금을 넣고 중간체에 내린다
2. 커피가루에 뜨거운 물을 넣고 섞어 커피물을 만든다.
3. 멥쌀가루에 커피물을 넣어 고루 섞어서 체에 내린다
4. 멥쌀가루에 설탕을 넣고 가볍게 섞는다.
5. 밤은 껍질을 벗겨 채를 썬다.
6. 대추는 깨끗이 닦아 씨를 빼고 밀대로 밀어 대추꽃을 만든다.
7. 호박씨는 면보로 닦는다.
8. 떡틀에 커피물을 들인 쌀가루를 넣고 펴서 평평하게 한다.
9. 밤, 대추, 호박씨로 장식한다.
10. 찜기에 김이 오르면 젖은 면보를 깔고 떡틀을 넣는다.
11. 커피떡케익은 센 불에 15분 정도 찐다.

흑임자편

재료. 멥쌀가루 5컵, 소금 1작은술, 물 6큰술, 설탕 5큰술, 흑임자가루 1/2컵

만드는 법

1. 멥쌀을 깨끗이 씻어 8시간 불린 후 건져 30분 정도 물가를 빼고 소금을 넣어 곱게 빻는다.
2. 멥쌀가루에 물을 넣고 손으로 잘 비벼 중간체에 내린다.(사진1)
3. 멥쌀가루에 흑임자가루와 설탕을 넣고 가볍게 섞는다.(사진2)
4. 시루에 쌀가루를 고루 펴서 담아 편평하게 안치고 칼집을 넣는다.(사진3)
5. 시루에 김이 오르면 마른 면보를 덮고 약 20분 정도 찐 후 약한 불에서 5분간 뜸을 들인다. 꼬치로 찔러 보아 흰 기루가 묻어 나지 않으면 불을 끈다.

쑥버무리

재료. 쑥 150g, 멥쌀가루 7컵, 소금 1큰술, 설탕 3큰술

만드는 법

1. 쌀은 깨끗이 씻어 5~6시간정도 불려서 소금을 넣고 가루로 빻는다.
2. 쑥은 깨끗이 손질하여 씻어 체에 받친다.(사진1)
3. 쌀가루에 물을 넣고 비벼 채에 내린 후 설탕을 고루 섞는다.
4. 쑥에 쌀가루 1컵을 넣고 살살 섞는다.(사진2)
5. 시루나 찜통에 천을 깔고 쌀가루를 고루 펴서 담고 그 위에 쑥을 가볍게 올린다.(사진3)
6. 다시 쌀가루를 고루 뿌리고 뚜껑을 덮은 뒤 약 15분 정도 찐다.
7. 한 김 식힌 후 떡을 꺼내어 적당한 크기로 썰어 접시에 담는다.

①

②

③

신과병

재료. 멥쌀 5컵, 찹쌀 1컵, 소금 1작은술, 밤 5개, 풋대추 4개, 청대콩(풋콩) 1/2컵, 단감 1개
설탕물. 설탕 1컵, 물1
컵고물. 녹두 4컵, 소금1큰술

만드는 법

1. 멥쌀과 찹쌀은 물에 담갔다가 건져 소금을 넣고 가루로 빻아 체에 내린 다음 설탕물을 준 후 다시 한 번 체에 내린다.
2. 거피한 녹두는 하룻밤 정도 충분히 불렸다가 거피한 다음 찜통에서 쪄서 한 김 나가면 소금을 넣고 찧어 어레미에 내린다. (사진1)
3. 밤은 3~4등분하고, 풋대추는 씨를 빼고 돌려깍기 하여 길이로 3~4등분 한다.
4. 풋콩은 껍질을 벗겨 소금을 약간 뿌려놓고, 단감은 껍질을 벗겨 썰어 놓는다. (사진2)
4. 준비한 밤, 대추, 풋콩, 단감을 멥쌀가루와 찹쌀가루에 넣고 골고루 섞는다. (사진3)
5. 시루에 시루 밑을 깔고, 녹두고물, 쌀가루, 녹두고물을 켜켜이 안친다. (사진4)
6. 찜기에 김이 오르면 센 불에서 약 15~20분 정도 찐다.

①

②

③

④

백편

재료. 멥쌀가루 7컵, 설탕 $\frac{1}{2}$ 컵, 밤 4개, 대추 5개, 잣 1큰술, 석이버섯 3장

만드는 법

1. 멥쌀은 깨끗이 씻어 물에 8시간 담갔다가 물기를 빼고 방아에 빻아 멥쌀가루를 만든다. 멥쌀가루에 소금을 넣고 체에 내린다.(사진1)
2. 석이버섯은 더운 물에 불려서 깨끗이 손질하여 가늘게 채로 썬다.
3. 밤은 껍질을 벗겨서 얇게 저며 곱게 채로 썰고, 대추는 씨를 발라내어 가늘게 채로 썬다.
4. 잣은 고깔을 떼고 마른 행주로 비벼서 길이대로 반을 가라서 비늘잣을 만든다.(사진2)
5. 쌀가루에 물을 넣고 손으로 비벼서 체에 내린 후 설탕을 고루 섞는다.
6. 떡틀에 면보를 깔고 쌀가루를 고루 펴서 담아 준비한 석이, 대추, 밤채, 비늘잣을 고루 뿌린다.(사진3)
7. 찜기에 물이 끓으면 떡틀을 넣고 약 20분 정도 찐다.(사진4)
8. 떡을 꺼내어 한 김 식힌 후 목기나 접시에 담는다.

* 떡을 안칠 때, 가운데가 볼록하게 나오면 떡이 갈라진다.

①

②

③

④

콩찰편

재료. 찹쌀가루 5컵, 소금 1작은술, 불린 서리태콩 2컵(소금 약간, 설탕 2큰술, 물 3큰술), 흑설탕 1컵, 대추 6개

만드는 법

1. 찹쌀가루는 소금을 넣고 고루 섞어 물을 주고 체에 내린다.
2. 냄비에 불린 서리태콩, 소금, 설탕, 물을 넣고 살짝 조린다.(사진1)
3. 대추는 깨끗이 씻어 씨를 빼고 3등분 정도 한다.
4. 떡틀에 서리태, 대추를 넣고 흑설탕을 고루 뿌린다.(사진2)
5. 그 위에 찹쌀가루는 평평하게 올린다.
6. 그 위에 서리태, 대추를 얹고 흑설탕을 고루 뿌린다.(사진3)
7. 찜기에 김이 오르면 센 불에서 25분 정도 찐다.

상추떡

재료. 멥쌀가루 5컵, 소금 1작은술, 설탕 3큰술, 상추 100g, 거피팥고물 3컵

만드는 법

1. 멥쌀은 깨끗이 씻어 물에 8시간 담갔다가 물기를 빼고 방아에 빻아 멥쌀가루를 만든다. 멥쌀가루에 소금을 넣고 체에 내린다.(사진1)
2. 거피팥은 불려 껍질을 벗긴 후 찜통에 쪄낸 다음 소금을 넣고 빻아 어레미에 내린다.(사진2)
3. 상추는 씻어 소쿠리에 건져 물기를 없애고 두 세 조각으로 뜯어 놓는다.
4. 쌀가루에 물을 주어 골고루 섞은 후 중간체에 내려 설탕과 손질한 상추를 고루 섞는다.(사진3)
5. 찜기에 시루밑을 깔고 거피팥고물을 고루 펴고 쌀가루, 팥고물의 순서로 안친다.(사진4)
6. 가루 위에 김이 오르면 20분 정도 찐 후 불을 줄여 5분간 뜸 들인다.

①

②

③

④

팥찰시루떡

재료. 찹쌀가루 8컵,소금 1큰술, 물 5큰술,
설탕 5큰술
고물. 붉은 팥고물 4컵, 소금 1작은술

만드는 법

1. 찹쌀은 깨끗이 씻어 물에 8시간 담갔다가 물기를 빼고 방아에 빻아 찹쌀가루를 만든다. 찹쌀가루에 소금을 넣고 체에 내린다.
2. 찹쌀가루에 물을 주어 비벼서 중간체에 내린다.(사진1)
3. 찹쌀가루에 설탕을 넣고 가볍게 섞는다.
4. 붉은 팥은 물을 붓고 5분 정도 끓여 체에 거진다.
5. 냄비에 팥을 넣고 물을 넉넉히 부어 무르게 삶아 뜨거울 때 절구에 쏟아 소금을 넣고 대강 찧어 고물을 만든다.(사진2)
6. 시루에 시루밑을 깔고 팥고물,찹쌀가루,팥고물,찹쌀가루,팥고물의 순으로 평평하게 안친다.(사진3)
7. 시루에 김이 오르면 면보를 덮어 30분 정도 찐 후 약 불에서 5분간 뜸 들인다.

① 

② 

③ 

두텁떡

재료. 찹쌀가루 5컵, 꿀 $\frac{1}{2}$ 큰술, 거피팥고물 12컵
두텁떡가루. 찹쌀가루 5컵, 간장 2큰술, 꿀 $\frac{1}{2}$ 큰술
두텁고물. 거피팥고물 10컵, 진간장, 설탕 $\frac{3}{4}$ 컵, 계피가루 약간
두텁소. 두텁고물 2컵, 밤 5개, 대추 6개, 잣 2큰술, 유자청 2큰술, 계피가루 약간

만드는 법

1. 찹쌀은 깨끗이 씻어 물에 8시간 담갔다가 물기를 빼고 방아에 빻아 찹쌀가루를 만든다. 찹쌀가루에 소금을 넣고 체에 내린다.
2. 찹쌀가루에 양념을 넣어 고루 비벼 체에 내려서 두텁떡가루를 준비한다.
3. 거피팥은 충분히 불려 거피하고 찜통에 쪄서 꺼내 소금을 넣고 방망이로 곱게 빻는다.
4. 거피팥고물은 체에 내린 후 진간장, 설탕, 계피가루를 넣고 섞는다.
5. 거피팥고물을 팬에 고슬고슬하게 볶아 두텁고물을 만든다.
6. 밤은 껍질을 벗기고 대추도 씨를 발라내어 굵게 다진다.
7. 잣은 고깔을 떼고 유자는 곱게 다진다.
8. 두텁고물에 밤, 대추, 잣, 유자청 다진 것을 섞어서 둥글납작하게 소를 만든다.
9. 찜기에 면보를 깔고 고물을 한켜 넉넉히 놓고 두텁쌀가루를 한 수저씩 드문드문 놓고 쌀가루 가운데에 소를 하나씩 놓는다. 다시 그 위에 떡가루를 한 수저씩 덮고 두텁떡 고물을 뿌린다.
10. 우묵히게 들어간 자리에 같은 방법으로 떡을 안친다.
11. 찜기에 물이 끓으면 두텁떡을 올려 약 20분 정도 찐다.
12. 대꼬치로 찔러서 흰 가루가 묻어나지 않으면 불에서 내려 한 김 식힌 후 떡을 하나씩 떼어내어 그릇에 담는다.

삼색송편

재료. 멥쌀가루 10컵
색. 데친쑥 100g, 치자, 딸기가루
소. 깨 2컵, 설탕 1컵 ,꿀 1큰술, 소금 1작은술

만드는 법

1. 멥쌀은 깨끗이 씻어 물에 8시간 담갔다가 물기를 빼고 방아에 빻아 멥쌀가루를 만든다. 멥쌀가루에 소금을 넣고 체에 내린다.
2. 멥쌀가루에 데친 쑥을 잘게 다져 넣어 익반죽한다.
4. 볶은 깨에 설탕, 꿀, 소금을 넣어 소를 만든다.
5. 반죽한 덩어리를 조금씩 떼어 둥글게 빚은 다음 가운데 우물을 파서 준비한 소를 넣고 아무려 송편을 빚는다.
6. 시루에 베보자기를 깔고 빚은 송편이 서로 닿지 않게 넣고 20~25분간 찐다.

모시잎 송편

재료. 모시잎 250g, 멥쌀가루 1kg, 소금 10g,
물 1컵

소. 통깨 60g, 소금 1/4작은술, 설탕 50g,
동부콩 200g, 소금 1/4작은술,설탕 30g

만드는 법

1. 모시잎은 끓는 물에 소금을 넣고 삶아 찬물에 담갔다가 건져 물기를 짠다.
2. 쌀가루에 모시잎을 넣고 익반죽한다.
3. 통깨는 소금, 설탕을 넣고 섞어 소를 만든다.
4. 동부콩은 5시간 불려 건진 후 찜솥에 40분 쪄서 소금을 넣고 방망이로 빻아 소를 만든다.
5. 모시잎 반죽을 동그랗게 빚어 가운데를 파고 소를 넣어 송편을 만든다.
6. 김 오른 찜솥에 모시잎 송편을 넣고 25분 찌고 5분 뜸 들인다.
7. 찬물에 씻어 건져 참기름을 바른다.

* 모시잎은 여름에 여린잎을 따서 사용한다.
* 모시잎은 비타민과 섬유질이 많아 잘 굳지 않는다.

흑임자구름떡

재료. 찹쌀가루 7컵, 소금 $\frac{1}{2}$ 큰술, 물 3큰술, 설탕 2큰술, 흑임자가루 1컵, 서리태 $\frac{1}{4}$ 컵, 팥 $\frac{1}{4}$ 컵, 밤 5개, 대추 7개, 잣 2큰술, 호두 5개

만드는 법

1. 찹쌀가루에 소금과 물을 넣고 고루 섞어 체에 내린다.
2. 서리태는 불려서 소금, 설탕, 물을 넣고 살짝 조린다.(사진1)
3. 냄비에 팥을 넣고 물을 넉넉히 부어 20분 정도 삶는다.(사진2)
4. 밤은 껍질을 벗겨 6등분 하고, 대추는 씨를 제거하여 3등분 한다.
5. 잣은 고깔을 떼고, 호두는 미지근한 물에 불려 껍질을 벗긴 뒤 6등분 한다.
6. 찹쌀가루에 준비한 재료를 넣어 섞는다.
7. 혼합한 찹쌀가루에 설탕을 넣고 가볍게 섞는다.
8. 찜기에 김이 오르면 찹쌀가루를 올린 뒤 25분간 찐다.(사진3)
9. 반죽을 꺼내어 20~40g으로 길게 분할한다.
10. 분할한 반죽은 흑임자가루를 고루 묻혀 구름떡틀에 차곡차곡 담는다.(사진4)
11. 시원한 곳에서 1시간 정도 굳힌 뒤 1.5cm 두께로 썬다.

약식

재료. 찹쌀 5컵, 소금 1큰술, 밤 5개, 대추 10개, 잣 3큰술, 진간장 2큰술, 계피가루 1작은술, 꿀 2큰술, 황설탕 3큰술, 설탕 3큰술, 참기름 2큰술

만드는 법

1. 찹쌀은 깨끗이 씻어 7시간 정도 충분히 불린다.(사진1)
2. 찜기에 젖은 면보를 깔고 찹쌀을 50분 정도 찐다.
3. 소금물을 만들어 찹쌀을 찌는 중간에 2번 찹쌀 위에 골고루 끼얹는다.(사진2)
4. 밤은 껍질을 벗겨 4등분하고, 대추는 씨를 빼고 3등분 한다.
5. 찹쌀을 꺼내어 밤, 대추, 잣, 진간장, 계피가루, 꿀, 황설탕, 백설탕을 넣고 고루 섞는다.(사진3)
6. 그대로 30분 정도 숙성시킨다.
7. 찜기에 김이 오르면 버무린 약식을 넣고 50분 더 찐다.(사진4)

①

②

③

④

찹쌀파이떡

재료. 찹쌀가루 3컵, 베이킹파우더 1작은술, 계란 1개, 우유 1/2컵, 팥앙금 1/2컵, 버터 2큰술, 아몬드슬라이스 15g, 호두 20g, 대추 3개, 잣 1큰술

만드는 법

1. 우유, 계란을 섞는다.
2. 팥앙금을 넣고 섞는다. (사진1)
3. 찹쌀가루, 베이킹파우더를 넣고 섞는다. (사진2)
4. 견과류를 넣는다. (사진3)
5. 녹인 버터를 넣는다.
6. 틀에 녹인 버터를 바르고 반죽액을 담는다. (사진4)
7. 예열된 오븐에 반죽액 틀을 넣고 180도에 25분 굽는다.

떡샌드위치

재료. 멥쌀가루 4컵, 찹쌀가루 1컵, 소금 $\frac{1}{2}$ 작은술, 버터 2큰술, 우유 2큰술
소. 감자 2개, 달걀 2개. 양배추 3장, 양파 $\frac{1}{4}$ 개, 당근 50g, 햄 2~3장, 마요네즈 $\frac{1}{2}$ 컵, 설탕 2큰술

만드는 법

1. 멥쌀가루와 찹쌀가루에 소금을 넣고 체에 내린 다음 버터와 우유를 넣고 고루 비벼 체에 내린다.
2. 찜기에 젖은 면보를 깔고 쌀가루를 고루 펴서 넣고 평평하게 한 다음 칼집을 넣는다 (사진1)
3. 찜기에 물을 붓고 센 불에 올려 끓으면 15분 정도 쪄서 한 김 식힌다.
4. 감자는 씻어서 삶은 다음 껍질을 벗겨 삶아 체에 내리고, 달걀은 삶아서 채 썬다.
5 양배추, 양파, 당근은 깨끗이 다듬어 씻어서 길이5cm 정도로 채 썬 다음 소금에 절였다가 물기를 꼭 짠다.
6. 햄은 데쳐서 채 썬다.
7. 재료를 모두 섞어 마요네즈, 설탕, 머스터드에 버무려 소를 만든다.
8. 찐 떡의 한쪽 면에 양상추를 깔고 떡샌드 소를 고루 얹는다.(사진2)
9. 다른 떡을 맞붙인 다음 2~4등분으로 썬다.(사진3)

2. 떡

치는 떡

절편
개피떡
대추단자
은행단자
인절미
오쟁이떡

절편

재료. 멥쌀가루 6컵, 소금 1작은술, 참기름 3큰술
색. 데친 쑥 70g, 딸기가루(또는 백년초가루) 2큰술, 치자물 3개

만드는 법

1. 멥쌀은 깨끗이 씻어 8시간 정도 물에 담갔다가 건져 소금을 넣고 방아에 빻아서 체에 내린다.
2. 쑥은 끓는 물에 소금을 조금 넣고 파랗게 삶은 다음 찬물에 헹궈 물기를 꼭 짜놓는다.
3. 멥쌀가루에 물을 넣고 버물버물하여 찜기에 젖은 면보를 깔고 15분 정도 찐다.
4. 쪄낸 떡을 3등분하여 하나는 그대로 절구에 넣고 차지게 될 때까지 찧는다.
5. 나머지 하나는 딸기가루를 넣어 분홍 물을 들인다.
6. 나머지 하나는 데친 쑥을 넣고 차지게 될 때까지 절구에 찧는다.
7. 색색으로 떡을 양손으로 밀어 매끄럽게 만든 후 밤톨 크기로 하나씩 잘라 떡살로 눌러서 문양을 찍어낸다.
8. 절편이 마르기 전에 참기름을 바른다.

개피떡

재료. 멥쌀가루 5컵, 소금 1작은술, 물 $\frac{2}{3}$컵, 녹두고물 2컵, 데친 쑥 100g, 계피가루 약간, 식용유 2큰술, 소금물 1컵

만드는 법

1. 멥쌀은 깨끗이 씻어 8시간 정도 물에 담갔다가 건져 소금을 넣고 방아에 빻아서 체에 내린다.
2. 쑥은 끓는 물에 소금을 넣고 파랗게 삶은 다음 찬물에 헹궈 물기를 꼭 짜놓는다.
3. 떡가루에 물을 끼얹어 가며 손으로 버물버물하여 찜기에 젖은 면보를 깔고 15분 정도 찐다.
4. 쪄낸 떡을 2등분하여 하나는 그대로 절구에 차지게 될 때 까지 치고, 다른 하나는 데친 쑥을 섞어서 쑥색이 고루 들 때까지 절구에 찧는다.(사진1)
5. 도마에 소금물을 바르고 떡 덩어리를 밀대로 얇게 민다.
6. 녹두고물은 계피가루를 섞어 밤톨만한 크기로 만들어 소를 만든다.(사진2)
7. 얇게 민 떡 위에 소를 올려놓고 반을 접는다.(사진3)
8. 개피떡틀로 타원형이 되게 꾹 찍어 떼어낸다.(사진4)
9. 식용유를 바른다.

①

②

③

④

대추단자

재료. 찹쌀가루 3컵, 소금 ½ 작은술, 대추고 3큰술, 꿀 2큰술
고물. 밤 5개, 대추 10개

만드는 법

1. 찹쌀은 깨끗이 씻어 8시간 정도 물에 담갔다가 건져 소금을 넣고 방아에 빻아서 체에 내린다.
2. 대추는 깨끗이 씻어 물을 충분히 붓고 2시간 정도 푹 삶아 물기가 없도록 조린 다음 체에 내려 대추고를 만든다.
3. 찹쌀가루에 대추고를 넣고 잘 섞는다.(사진1)
4. 찜기에 김이 오르면 대추고 섞은 찹쌀가루를 넣고 25분 정도 찐다.
5. 찹쌀가루를 꺼내 절구에 꽈리가 생기도록 친다.(사진2)
6. 밤은 껍질을 까고 곱게 채 썰고, 대추도 씨를 도려내어 곱게 채 썰어 고물을 만든다.(사진3)
7. 찹쌀반죽을 조금씩 떼어 가로 2cm, 세로 3cm로 만든다.
8. 대추단자에 꿀을 바르고 고물을 묻힌다.

①

②

③

은행단자

재료. 찹쌀가루 3컵, 은행 100g, 소금 약간, 꿀 약간, 잣 1컵

만드는 법

1. 찹쌀은 깨끗이 씻어 8시간 정도 물에 담갔다가 건져 소금을 넣고 방아에 빻아서 체에 내린다.
2. 은행을 볶아서 껍질을 벗겨 곱게 다진다.(사진1)
3. 잘게 다진 은행은 찹쌀가루와 섞는다.
4. 찜기에 김이 오르면 젖은 면보를 깔고 찹쌀가루를 넣고 25분 정도 찐다.
5. 찹쌀 반죽을 꺼내 절구에 넣고 꽈리가 일도록 친다.(사진2)
6. 잣을 곱게 다져 잣고물을 만든다.(사진3)
7. 찹쌀반죽을 조금씩 떼어 가로 2cm, 세로 3cm로 만든다.
8. 은행단자에 꿀을 바르고 잣고물을 묻힌다.(사진4)

①

②

③

④

인절미

재료. 찹쌀 10컵, 소금 1큰술, 설탕 2큰술
고물. 노랑 콩가루 2컵, 파란 콩가루 2컵

만드는 법

1. 찹쌀은 깨끗이 씻어 8시간 정도 물에 불려 건진다.(사진1)
2. 찜기에 젖은 면보를 깔고 찹쌀을 넣어 50분 정도 찐다.
3. 찹쌀을 찌는 동안 소금물을 만들어 2번 끼얹는다.(사진2)
4. 찹쌀 반죽을 꺼내 절구에 넣고 꽈리가 일도록 친다.(사진3)
5. 찹쌀반죽이 마르기 전에 노랑 콩가루, 파란 콩가루 고물을 묻힌다.
6. 고물 묻힌 인절미 반죽을 한입크기로 썬다.

①

②

③

오쟁이떡

재료. 찹쌀가루 10컵, 소금 1큰술
소. 붉은 팥 2컵, 소금 $\frac{1}{2}$ 큰술, 설탕 1컵, 노란 콩가루 3컵

만드는 법

1. 찹쌀은 깨끗이 씻어 8시간 정도 물에 담갔다가 건져 소금을 넣고 방아에 빻아서 체에 내린다.
2. 팥은 깨끗이 씻어 한 번 끓으면 물을 버리고, 다시 새 물을 넣고 푹 삶아 뜸을 들인다. 삶은 팥에 소금으로 간한 뒤 절구에 찧어 팥고물을 만든다.
3. 팥고물이 식으면 설탕을 섞어 둥글게 빚어 소를 만든다.(사진1)
4. 찹쌀가루는 물을 넣고 버물버물 섞어 찜기에 젖은 면보를 깔고 25분 찐다.
5. 찹쌀떡을 절구에 넣고 꽈리가 일도록 친다.(사진2)
6. 찹쌀떡을 달걀 크기만큼 떼어 안에 팥소를 넣고 오므린다.(사진3)
7. 찹쌀떡은 가로 7cm, 세로 4.5cm, 두께 3cm 정도로 모양을 만든다.
8. 노란 콩가루를 듬뿍 묻힌다.

①

②

③

2. 떡

삶는 떡

삼색경단
두텁단자
수수팥단자
오그랑떡
오메기떡
갓구리

삼색경단

재료. 찹쌀가루 5컵, 소금 1작은술, 전분 5큰술
소. 팥앙금 100g
고물. 노랑콩가루 1컵, 파랑콩가루 1컵, 흑임자 가루 1컵

만드는 법

1. 찹쌀가루는 소금을 넣고 섞어 체에 내린다.
2. 팥앙금은 지름 0.7cm로 동그랗게 빚어 소를 만든다. (사진1)
3. 노랑콩가루, 파랑콩가루, 흑임자 가루로 고물을 준비한다.
4. 찹쌀가루는 익반죽하여 소를 넣고 지름 1.5cm 정도로 동그랗게 빚는다.
5. 만든 경단은 전분에 굴려 털어낸다.
6. 냄비에 물이 끓으면 경단을 넣고 떠오르면 건져서 찬물에 넣어 식힌 후 물기를 뺀다. (사진2, 3)
7. 삶아낸 경단은 3색 고물에 무친다. (사진4)

①

②

③

④

두텁단자

재료. 찹쌀가루 5컵, 소금 1작은술, 간장 1큰술
소. 거피팥고물 3컵, 설탕 $\frac{1}{2}$ 컵, 계피가루 약간, 후추가루 약간, 밤 3개, 대추 3개, 잣 1큰술, 유자청건지 1작은술

만드는 법

1. 찹쌀가루에 양념을 넣어 고루 비벼서 체에 내려서 두텁단자 가루를 준비한다.
2. 거피팥고물에 설탕을 섞어서 팬에 볶는다.
3. 볶은 거피팥고물에 계피가루와 후cnt가루를 넣고 섞는다.
4. 밤은 껍질을 벗기고, 대추는 씨를 발라내어 굵게 다진다.
5. 잣은 고깔을 떼어 놓고 유자청건지는 곱게 다진다
6. 거피팥고물에 밤, 대추, 잣, 유자청 다진 것을 넣고 섞어서 둥글납작하게 소를 만든다.
7. 두텁단자 가루는 끓는 물로 익반죽하여 덩어리를 만든다.
8. 반죽을 떼어 소를 넣고 지름 3cm로 동글납작하게 빚는다.
9. 냄비에 물을 넉넉히 붓고 끓으면 두텁단자를 넣고 삶아 떠오르면 잠시 두었다가 건져 찬물에 넣는다.
10. 두텁단자가 식으면 건져 두텁고물을 묻힌다.

수수팥단자

재료. 수수가루 3컵, 찹쌀가루 2컵, 소금 1작은술,
붉은 팥고물 5컵, 소금 1작은술, 설탕 5큰술

만드는 법

1. 수수가루와 찹쌀가루를 섞어 소금을 넣고 체에 내린다.
2. 붉은 팥고물은 소금, 설탕을 섞어 팬에 고슬고슬하게 볶아 식힌다.(사진1)
3. 가루는 끓는 물로 익반죽하여 지름 2.5cm로 동그랗게 빚는다.
4. 냄비에 물을 넉넉히 넣고 끓으면 수수단자를 넣고 삶는다.(사진2)
5. 수수단자가 떠오르면 찬물에 넣어 식힌다.
6. 수수단자를 건져 팥고물을 묻힌다.(사진3)

오그랑떡

재료. 찹쌀가루 2컵, 멥쌀가루 2컵, 소금 1작은술, 붉은 팥고물 5컵, 물 2컵, 소금 1작은술, 설탕 $\frac{1}{2}$ 컵

만드는 법

1. 찹쌀과 멥쌀은 깨끗이 씻어 8시간 정도 물에 담가 불렸다가 건져 소금을 넣고 방아에 빻아서 체에 내린다.
2. 붉은 팥은 삶아 팥물이 자작해지면 소금과 설탕을 넣어 간을 맞춘다.(사진1)
3. 쌀가루는 끓는 물로 익반죽하여 지름 2.5cm 크기의 경단으로 동글동글하게 빚는다.(사진2)
4. 간을 맞춘 팥 국물에 경단을 넣는다.(사진3)
5. 경단이 익으면 주걱으로 고루 저어 팥물이 고루 잘 스며들도록 한다.

①

②

③

오메기떡

재료. 차조가루 3컵, 찹쌀가루 2컵, 소금 1작은술
고물. 노란 콩고물 2컵, 소금 $\frac{1}{2}$ 작은술, 설탕 3큰술, 붉은 팥고물 2컵, 설탕 2큰술, 소금 $\frac{1}{2}$ 작은술

만드는 법

1. 차조는 깨끗이 씻어 물에 8시간 정도 불려서 방아에 빻아 차조가루를 준비한다.
2. 찹쌀은 깨끗이 씻어 8시간 정도 물에 담가 불렸다가 건져 방아에 빻아서 찹쌀가루를 준비한다.
3. 차조가루와 찹쌀가루에 소금을 넣고 섞어 체에 내린다.
4. 노란콩가루와 붉은 팥고물에 소금과 설탕을 넣고 섞어 고물을 준비한다.
5. 붉은팥고물은 팬에 볶아 수분을 제거한다.
6. 차조가루와 찹쌀가루는 끓는 물에 익반죽하여 직경 5cm 정도의 도우넛 모양으로 빚는다.
7. 오매기떡을 끓는 물에 삶아 찬물에 담가 식으면 건져 물기를 없앤다.
8. 오메기떡을 노란 콩고물과 붉은 팥고물에 묻혀 낸다.

잣구리

재료. 찹쌀가루 5컵, 소금 1작은술, 잣 2컵
소. 밤 20개,꿀 1큰술, 계피가루 1/2작은술

만드는 법

1. 찹쌀은 깨끗이 씻어 8시간 정도 물에 담가 불렸다가 건져 방아에 빻아 찹쌀가루를 준비한다.
2. 찹쌀가루에 소금을 넣고 체에 내려 끓는 물로 익반죽한다.
3. 잣은 종이를 깔고 밀대로 눌러 기름기를 빼고(사진1), 칼로 곱게 다져서 잣고물을 만들어 놓는다.(사진2)
4. 밤은 푹 삶아 속을 꺼내 체에 내린 다음 꿀과 계피가루를 넣고 콩알만 하게 소를 만든다.(사진3)
5. 찹쌀반죽을 떼어 밤소를 넣고 길이 4cm 정도의 누에고치 모양으로 빚는다.
6. 끓는 물에 삶아 건진 후 물기를 빼고 잣고물에 묻힌다.

①

②

③

2. 떡

지지는 떡

곤떡
노티떡
화전
진달래화전
수수부꾸미
서여향병
개성우메기

곤떡

재료. 찹쌀가루 5컵, 소금 1작은술
반죽물. 설탕 1/2컵, 물 1/2컵
지치기름. 지치(지초) 20g, 식용유 2컵
시럽. 설탕 1컵, 물1컵

만드는 법

1. 찹쌀은 깨끗이 씻어 8시간 정도 물에 담갔다가 건져 소금을 넣고 방아에 빻아서 체에 내린다.
2. 지치는 마른 수건으로 먼지를 닦아 내고, 끓는 기름에 넣어 붉은색의 지치기름을 만든다.(사진1)
3. 찹쌀가루에 끓인 반죽물로 익반죽하여 두께 0.7,직경 5cm 정도로 동글납삭하게 빚는다.(사진2)
4. 냄비에 설탕과 물을 넣고 은근한 불에 끓여 시럽을 만든다.
5. 팬에 지치기름을 두르고 빚어 놓은 찹쌀 반죽을 약 불에서 붉은색이 나도록 곱게 지진다.(사진3)
6. 떡이 뜨거울 때 시럽을 뿌려 접시에 담는다.

노티떡

재료. 찹쌀가루 5컵(또는 찰기장가루 5컵), 엿기름 1컵, 소금 1/2작은술, 식용유 2컵, 참기름 1/2작은술, 설탕 또는 꿀 2큰술

만드는 법

1. 찹쌀가루는 김이 오르는 찜통에 베보자기를 깔고 찐다.
2. 엿기름을 고운체에 쳐서 가루와 찌꺼기를 분리한다.
3. 엿기름 찌꺼기에 물을 붓고 주물러 빨아 우러난 물을 고운체에 걸러 놓는다.
4. 쪄낸 찹쌀떡이 식기 전에 고운 엿기름가루를 뿌리고 걸러놓은 엿기름물을 부어가며 말랑말랑하도록 반죽한다.
5. 반죽에 소금과 참기름을 약간 넣는다.
6. 반죽을 여러 번 저어 따듯한 방에 1~2시간 삭힌다.
7. 반죽이 삭으면 팬에 기름을 두르고 반죽을 떠 놓아 동글납작하게 지진다.
8. 지진 노티를 식힌 그릇에 담고 그 위에 설탕이나 꿀을 뿌려가며 담는다.

화전

재료. 찹쌀가루 2컵, 소금 약간, 식용유 1/2컵
시럽. 설탕 1/2컵, 물 1/2컵
고명. 대추 2개, 쑥갓 2줄기

만드는 법

1. 찹쌀가루는 소금을 넣고 섞은 후 체에 내린다.
2. 쑥갓은 잎을 떼어 물에 담가둔다.
3. 대추는 돌려 깎아 씨를 빼고 돌돌 말아 얇게 썬다.
4. 냄비에 설탕과 물을 넣고 약 불에 끓여 시럽을 만든다.
5. 찹쌀가루는 뜨거운 물로 익반죽하여 직경 5cm, 두께 0.4.cm크기로 빚어 놓는다.
6. 팬에 기름을 두르고 빚어둔 반죽을 지진다.
7. 한 면이 익으면 뒤집는다.
8. 뒤집은 면에 대추와 쑥갓으로 고명을 얹어 지진다.
9. 지진 화전에 만들어 놓은 시럽을 끼얹는다.

진달래화전

재료. 찹쌀가루 2컵, 소금 약간, 식용유 1/2컵
시럽. 설탕 1/2컵, 물 1/2컵
고명. 진달래 10송이

만드는 법

1. 찹쌀가루는 소금을 넣고 섞은 후 체에 내린다.
2. 찹쌀가루는 뜨거운 물로 익반죽하여 직경 5cm, 두께 0.4.cm크기로 빚어 놓는다. (사진1)
3. 진달래는 수술을 떼고 물에 담가 건진다. (사진2)
4. 냄비에 설탕과 물을 넣고 약 불에 끓여 시럽을 만든다.
5. 팬에 기름을 두르고 빚어 둔 반죽을 지진다. (사진3)
6. 한 면이 익으면 뒤집는다.
7. 뒤집은 면에 진달래를 얹어 지진다. (사진4)
8. 다시 한번 뒤집어 살짝 지진다.
9. 진달래화전에 만들어 놓은 시럽을 끼얹는다.

수수부꾸미

재료. 찹쌀가루 2컵, 찰수수가루 2컵, 백앙금 1컵,
소금 1작은술, 계피가루 약간, 식용유 1컵
고명. 대추 10개, 석이버섯 2장

만드는 법

1. 찹쌀가루와 찰수수가루는 뜨거운 물로 익반죽한다.
2. 백앙금은 계피가루를 섞어 가로 1cm, 세로 1.5cm 크기로 소를 만든다.
3. 반죽을 떼어 지름 5cm로 동글납작하게 빚는다.
4. 팬에 식용유를 두르고 동그란 반죽을 지진다.
5. 떡을 뒤집어 소를 넣고 반달모양으로 접는다.
6. 반달모양의 가장자리를 손가락으로 눌러준다.
7. 준비한 고명을 올린다.

서여향병

재료. 생마 1개, 꿀 1/2컵, 찹쌀가루 1컵, 잣가루 1컵, 지지는 기름 1컵
장식. 대추, 호박씨, 석이버섯

만드는 법

1. 마는 직경 5cm 정도의 곧은 것을 준비하여 껍질을 벗겨 두께 0.5cm 정도의 타원형이 되도록 비스듬히 썰어 놓는다.
2. 김 오른 찜기에 면보를 깔고 마를 5분 정도 찐다.(사진1)
3. 찐 마는 한 김 나가면 꿀에 20분간 재운다.(사진2)
4. 찹쌀가루를 고운체에 내린다.
5. 잣은 고깔을 떼고 곱게 다져 잣고물을 만든다.
6. 쪄낸 마는 찹쌀가루를 골고루 묻힌다.
7. 팬에 기름을 두르고 마를 넣어 노릇하게 지진다.(사진3)
8. 지진 마는 꿀을 바르고 잣가루에 묻혀 낸다.(사진4)
9. 대추나 당근, 호박씨로 꽃모양으로 만들어 고명을 얹는다.

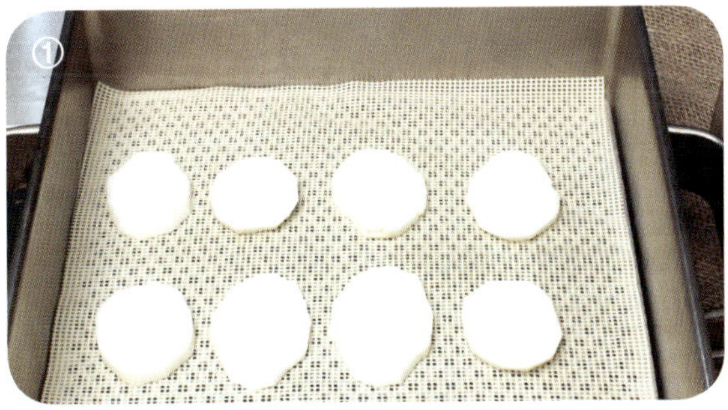

개성우메기

재료. 찹쌀가루 5컵, 멥쌀가루 $\frac{2}{3}$컵, 소금 1작은술, 막걸리 1/2컵, 설탕 $\frac{1}{4}$컵, 식용유 5컵, 대추 3개
시럽. 설탕 1컵, 물 1컵, 생강 1톨, 통계피 5cm

만드는 법

1. 찹쌀가루와 멥쌀가루에 소금을 넣고 섞어 체에 내린다.
2. 막걸리에 설탕을 넣고 중탕하여 미지근하게 한다.
3. 가루에 막걸리와 약간의 물로 농도를 맞추면서 말랑말랑하게 반죽한다.(사진1)
4. 반죽은 지름 4.5cm, 두께 0.8cm 정도로 둥글납작하게 빚는다.(사진2)
5. 팬에 식용유를 넉넉히 붓고 온도가 오르면 빚어 놓은 떡을 넣고 약 불에 튀긴다.(사진3)
6. 떡이 떠오르면 기름 온도를 올려 색이 고르게 나도록 튀긴다.
7. 떡을 건져 기름을 뺀다.
8. 시럽을 무쳐 위에 대추고명을 네모로 썰어 얹는다.(사진4)

①

②

③

④

3. 과정류

오색매작과
약과
삼색다식
당근란
생란
율란 · 조란
호박란
반초 · 대추초
도라지정과
더덕정과
연근정과
사과정과
블루베리과편
오미자과편
깨강정
오색쌀강정
콩엿강정
잣박산

오색매작과

재료. 밀가루 2컵, 소금 1/2작은술, 식용유 5컵, 시럽 1컵, 물 1컵
색. 딸기가루, 쑥가루, 계피가루, 치자

만드는 법

1. 밀가루에 소금을 넣고 체에 내려 곱게 다진 생강을 넣는다.
2. 색을 넣어 반죽이 말랑해지게 치댄다.
3. 반죽을 길이 5cm×1.5cm×0.2mm 로 민다.(사진1)
4. 가운데 칼집을 3번 넣어 뒤집는다.(사진2)
5. 130℃ 기름에 튀긴다.(사진3)
6. 시럽에 넣었다가 빼서 그릇에 담는다.

①

②

③

약과

재료. 밀가루 180g, 참기름 3큰술, 소금 $\frac{1}{6}$작은술, 식용유 5컵
반죽액. 술 3큰술, 꿀 3큰술, 계피가루 $\frac{1}{6}$작은술, 후추 약간, 조청 1큰술, 생강즙 2큰술
시럽. 설탕 1컵, 물 1컵, 생강 30g

만드는 법

1. 밀가루에 소금을 넣고 고루 섞은 다음 체에 내린다.
2. 체에 내린 밀가루에 참기름을 넣고 고루 비빈다.
3. 위의 밀가루를 체에 내린 다음 반죽액을 넣고 가볍게 반죽한다.(사진1)
4. 반죽을 밀대로 1cm 두께로 고르게 민다.(사진2)
5. 반죽을 약과틀로 찍어 젓가락으로 구멍을 낸다.(사진3)
5. 냄비에 식용유를 넣고 약 불에서 약과반죽을 넣어 연한 미색이 날 때까지 튀긴다.(사진4)
6. 약과반죽이 떠오르면 중불에서 갈색이 고루 나도록 튀긴다.
7. 설탕, 물, 생강을 넣고 약 불에 끓여 시럽을 만든다.
8. 약과 튀긴 것을 기름을 완전히 뺀 후 시럽에 담근다.

①

②

③

④

삼색다식

재료. 노랑콩가루 50g, 파랑콩가루 50g, 꿀 50g

만드는 법

1. 콩가루에 꿀을 넣고 반죽하듯 잘 섞어 덩어리를 만든다.(사진1)
2. 다식판 크기에 맞춰 떼어내고 다식판에 넣고 꼭꼭 누른다.(사진2)
3. 다식판에서 떼어낸다.(사진3)

* 송화가루, 백년초, 찹쌀가루, 대추, 흑임자 등 여러 가지로 다식을 만든다.

①

②

③

당근란

재료. 당근 300g, 물 3컵, 설탕 100g, 소금 2g, 물엿 1큰술, 파세리 20g

만드는 법

1. 당근은 씻어 작게 썰어 물을 붓고 삶는다.(사진1)
2. 삶은 당근은 체에 내린다.(사진2)
3. 당근에 설탕, 소금, 물엿을 넣고 되직하게 조린다.(사진3)
4. 조린 당근을 접시에 펴서 식힌다.
5. 조린 당근을 당근 모양으로 만든다.

생란

재료. 생강 200g, 물 1컵, 설탕 3큰술, 물엿 2큰술, 생강녹말 1작은술, 잣 4/3컵

만드는 법

1. 생강은 껍질을 벗기고 얄팍하게 저며 믹서에 곱게 간다.(사진1)
2. 생강 간 것은 체에 거르고 국물은 가라앉힌다.(사진2)
3. 냄비에 체에 거른 생강 건지, 물, 설탕을 넣어 끓인다.(사진3)
4. 끓이면서 생기는 거품은 걷어내면서 계속 조린다.
5. 반 정도로 조려지면 물엿을 넣고 다시 조린다.
6. 거의 다 조려져 물기가 조금 남았을 때 가라앉힌 생강 녹말을 넣는다.(사진4)
7. 물기가 없게 조려지면 완전히 식힌다.
8. 반죽을 조금씩 떼어 뿔이 세 개 달린 생강 모양으로 빚어 잣가루를 묻혀 낸다.

율란 · 조란

율란재료. 밤 10개, 설탕 2큰술, 계핏가루 1/4작은술, 꿀 1큰술, 잣 2큰술

조란재료. 대추 30개, 물 1/4컵, 꿀 1큰술, 계핏가루 1/4작은술, 잣 1작은술

율란 만드는 법

1. 밤은 씻어서 껍질째 20분 정도 삶아 속을 파낸다.
2. 밤속을 꺼내 체에 내려 고물을 만든다.
3. 밤고물에 계핏가루, 꿀을 섞어 뭉친다.
4. 밤고물을 밤모양으로 빚는다.
5. 잣은 고깔을 떼고 곱게 다진다.
6. 밤모양으로 빚은 율란의 뭉근 부분에 잣가루와 계핏가루를 묻힌다.

조란 만드는 법

1. 대추는 젖은 행주로 깨끗이 닦는다.
2. 찜기에 물이 끓으면 대추를 20분 찐 후 곱게 다진다.
2. 냄비에 물, 꿀, 다진 대추를 넣고 조린다.
3. 대추가 한 덩어리로 조려지면 계핏가루를 섞어 접시에 꺼내 펼친다.
4. 대추가 식으면 대추모양으로 빚어 통잣을 박는다.

호박란

재료. 단호박 300g, 물 3컵, 설탕 100g, 물엿 1큰술, 호박씨 1큰술

만드는 법

1. 단호박은 껍질을 벗겨 작게 썰어 찜통에 15분 찐다.(사진1)
2. 찐 호박은 체에 내리거나 믹서에 곱게 간다.(사진2)
3. 냄비에 체에 내린 호박을 넣고 설탕, 소금, 물엿을 넣고 되직하게 조린다.(사진3)
4. 조린 호박을 접시에 펴서 식힌다.
5. 조린 호박을 호박 모양으로 만든다.

①

②

③

밤초 · 대추초

밤초재료. 밤 10개, 물 1컵, 소금 1작은술,
설탕 3 큰술, 물엿 2큰술, 꿀 2큰술,
잣가루 1작은술

대추초재료. 대추 10개, 물 1/2컵, 설탕 2큰술,
꿀 1큰술, 계핏가루 약간, 잣 2큰술

밤초 만드는 법

1. 밤은 속껍질을 깨끗이 벗긴다.
2. 냄비에 물을 넣고 끓으면 소금, 밤을 넣고 2분 데친다.
3. 냄비에 물, 설탕, 밤을 넣고 은근한 불에 조린다.
4. 물이 반으로 줄면 물엿을 넣는다.
5. 마지막에 꿀을 넣고 윤기 나게 조린다.
6. 밤을 체에 건져 그릇에 담고 잣가루를 뿌린다.

대추초 만드는 법

1. 대추는 깨끗이 씻어 를 뺀다.
2. 찜기에 물이 끓으면 대추를 넣고 5분 정도 찐다.
3. 냄비에 물, 설탕, 물엿을 넣고 끓으면 대추를 넣고 조린다.
4. 물이 거의 없어지면 꿀, 계핏가루를 넣고 살짝 조린 후 접시에 건진다.
5. 대추씨를 뺀 자리에 잣을 채워 넣고 다시 대추모양을 만든다.

도라지정과

재료. 통도라지 5개, 물 2컵, 설탕 1컵, 물엿 1/4컵 소금 1작은술

만드는 법

1. 통도라지의 가는 뿌리는 떼고 껍질을 벗긴다.
2. 냄비에 도라지가 잠길 정도의 물과 소금을 넣어 3분정도 데친 다음 찬물에 헹구어 건진다.(사진1)
3. 냄비에 데친 도라지, 물, 설탕, 소금을 넣고 약 불로 뚜껑을 열어 놓고 조린다.(사진2)
4. 조리는 도중에 거품이 생기면 걷어내고 거의 졸이 들면 물엿을 넣어 위아래를 살 섞고 윤기가 나도록 조린다.
5. 조려진 도라지는 굵은 체에 하나씩 떼어 놓아 차게 식힌 다음 설탕에 굴려 접시에 담는다.(사진3)

더덕정과

재료. 더덕 5개, 물 2컵, 설탕 1컵, 소금 1작은술, 물엿 1/4컵

만드는 법

1. 더덕은 깨끗이 씻어 껍질을 벗긴다.
2. 냄비에 더덕이 잠길 정도의 물을 넣어 끓으면 더덕을 3분정도 데친 다음 찬물에 헹구어 건진다.(사진1)
3. 냄비에 데친 더덕, 물, 설탕, 소금을 넣고 약 불로 조린다.(사진2)
4. 조리는 도중에 거품이 생기면 걷어내고 거의 졸아 들면 물엿을 넣어 위아래를 잘 섞고 윤기가 나도록 조린다.(사진3)
5. 조려진 더덕은 하나씩 굵은 체에 건진 다음 꾸득꾸득하게 말려 설탕에 굴려 접시에 담는다.(사진4)

①

②

③

④

福

연근정과

재료. 연근 1개, 물 2컵, 설탕 1컵, 소금 1작은술, 물엿 1/4컵

만드는 법

1. 연근은 깨끗이 씻어 껍질을 벗긴다.
2. 냄비에 연근이 잠길 정도의 물을 넣어 끓으면 연근을 3분정도 데친 다음 찬물에 헹구어 건진다.(사진1)
3. 냄비에 데친 연근, 물, 설탕, 소금을 넣고 약 불에서 뚜껑을 열어 놓고 조린다.(사진2)
4. 조리는 도중에 거품이 생기면 걷어내고 거의 졸아 들면 물엿을 넣어 위아래를 잘 섞고 윤기가 나도록 조린다.
5. 조려진 연근은 하나씩 굵은 체에 건진 다음 꾸득꾸득하게 말려 설탕에 굴려 접시에 담는다.(사진3)

①

②

③

사과정과

재료. 사과 1개, 설탕 2컵

만드는 법

1. 사과를 깨끗이 씻어 반 갈라 씨를 빼고 두께 0.2cm 정도로 썬다.
2. 찜기에 물을 끓으면 썰어 놓은 사과를 넣고 2분 정도 찐다.(사진1)
3. 그릇에 사과를 고루 펴고 사과 위에 설탕을 고루 뿌린 다음 2시간 정도 둔다.
4. 설탕이 다 녹으면 사과를 건져 다시 설탕을 사과 위에 고루 뿌린다.(사진2)
5. 사과의 즙이 빠지도록 설탕을 다시 한 번 부어 둔다.
6. 사과를 꺼내어 채반에 고루 펴서 말린 다음 꽃모양을 만든다.(사진3)

①

②

③

블루베리과편

재료. 블루베리 1/2컵, 물 2컵, 녹두녹말 3큰술, 꿀 1큰술, 설탕 반컵, 물 3큰술, 소금약간

만드는 법

1. 블루베리는 물에 헹궈 물기를 뺀다.
2. 녹말에 동량의 물을 넣고 저으면서 풀어준다.
3. 냄비에 블루베리, 설탕, 소금을 넣고 약 불로 끓인다.
4. 과육이 물러지면 체에 거른다.
5. 냄비에 블루베리즙, 설탕, 소금을 넣고 끓으면 녹말 물을 넣고 약 불에서 나무 주걱으로 계속 저어주면서 10분 정도 끓인다.
6. 농도가 되직해 지면 꿀을 넣고 잠시 더 끓인다. 주걱으로 떠올려 봐서 똑똑 떨어지는 정도면 적당하다.
7. 모양틀에 물을 바르고 쏟아 부어 식힌다.

*전분을 넣을 때 나누어서 넣으며 잘 저어주어야 뭉치지 않는다.

오미자과편

재료. 오미자 1/2컵, 물 2컵, 설탕 반컵, 꿀 1큰술, 녹두녹말 3큰술, 물 3큰술, 소금약간

만드는 법

1. 오미자를 선명한 붉은 색으로 준비해 물에 헹궈 체에 건져서 물기를 뺀 후 분량의 물을 부어 하룻밤을 우린다.
2. 오미자물은 면보에 걸러서 오미자물을 만든다.
3. 녹말에 동량의 물을 넣고 저으면서 풀어준다.
4. 냄비에 오미자물, 설탕, 소금을 넣고 약 불로 끓인다.
5. 오미자물이 끓으면 녹말 물을 넣고 약 불에서 나무 주걱으로 계속 저어주면서 10분 정도 끓인다.
6. 농도가 되직해 지면 꿀을 넣고 잠시 더 끓인다. 주걱으로 떠올려 봐서 똑똑 떨어지는 정도면 적당하다.
7. 네모진 그릇에 물을 바르고 쏟아 부어 식힌다.
8. 오미자편이 굳으면 네모지게 썬다.

*전분을 넣을 때 나누어서 넣으며 잘 저어주어야 뭉치지 않는다.

깨강정

재료. 거피 흰깨 1컵, 시럽 5큰술, 흑임자 1/4컵, 시럽 2큰술, 식용유 3큰술
시럽. 물 2큰술, 설탕 반컵, 물엿 $1\frac{1}{2}$컵
기물. 비닐, 밀대, 칼, 도마

만드는 법

1. 둥근 팬에 시럽을 넣고 끓으면 불을 줄여 흰깨를 넣고 볶는다.(사진1)
2. 비닐에 식용유를 바르고 흰깨를 놓아 비닐을 덮고 밀대로 밀어 두께 0.7cm로 평평하게 민다.(사진2)
3. 팬에 시럽을 넣고 흑임자를 넣어 재빠르게 섞어 비닐에 놓고 밀대로 밀어 두께 0.3cm로 민다.(사진3)
4. 흰깨 위에 흑임자를 놓고 돌돌 말아 방망이 모양을 만든다.(사진4)
5. 미지근한 기운이 없어지면 두께 1cm 정도로 사른다.

①

②

③

오색쌀엿강정

재료. 멥쌀 말린것 3컵, 식용유 5컵
시럽. 물1/2컵, 설탕1$\frac{1}{2}$ 컵, 물엿 5컵
색. 치자, 백년초, 계피가루, 파래가루
부재료. 분태, 대추, 잣, 유자청,
기물. 비닐, 밀대, 강정틀

만드는 법

1. 멥쌀은 2시간 정도 물에 불렸다가 끓는 물에 7분 정도 삶는다.(사진1)
2. 멥쌀 삶은 것은 맑은 물이 나올 때까지 헹궈 소금물에 10분 담갔다가 건져 말린다.
3. 시럽을 만든다.
4. 기름이 230℃ 오르면 말린 쌀 1/2컵을 둥근 체에 담아 5-6초 동안 튀긴다.(사진2)
5. 쌀 튀긴 것은 키친타올로 기름을 잘 뺀다.
6. 둥근 팬에 시럽 180cc을 넣고 부재료와 색을 맞추어 넣고 쌀 튀긴 것 5컵을 넣어 재빠르게 섞는다.(사진3)
7. 쌀 튀긴 것이 식기 전에 모양틀로 모양을 잡는다.

①

②

③

콩엿강정

재료. 볶은 검정콩 5컵
시럽. 설탕 3큰술, 물엿 1컵, 물 1큰술

만드는 법

1. 설탕, 물엿, 물을 넣고 약한 불에서 끓여 시럽을 만든다.
2. 둥근 팬에 시럽을 넣고 끓으면 볶은 검정콩을 넣고 고루 섞는다.
3. 도마 위에 콩엿강정을 쏟아 방망이로 밀어 두께 1cm정도로 민다. 4. 콩엿강정이 굳기 전에 먹기 좋은 크기로 썬다.

잣박산

재료. 잣 2컵, 식용유 1큰술
시럽. 물 1큰술, 설탕 $\frac{1}{4}$컵 물엿 $\frac{3}{4}$ 컵
도구. 비닐, 밀대, 강정틀

만드는 법

1. 잣은 고깔을 떼고 마른 천으로 닦아 먼지를 제거 한다 .
2. 냄비에 물, 설탕, 물엿을 넣고 중간 불에서 잠깐 끓여 시럽을 만든다.
3. 잣은 기름이 없는 팬에 따뜻하게 볶는다.(사진1)
4. 팬에 시럽을 넣고 끓으면 잣을 넣고 실이 보일 때까지 버무린다.(사진2)
5. 강정틀에 식용유 바른 비닐을 깔고 버무린 잣을 쏟아 두께 1cm 정도로 얇게 편다.(사진3)
6. 잣박산이 거의 식으면 모양을 내서 썬다.(사진4)

4. 음청류

대추영지차

재료. 대추 50g, 영지 10g, 통계피 20g, 감초 5g, 생강 30g, 꿀 50g

만드는 법

1. 모든 재료는 깨끗이 씻는다.
2. 생강은 3-4조각 썬다.
3. 대추, 영지, 통계피, 감초, 생강을 넣고 물을 넉넉히 붓는다.
4. 1시간 정도 끓이고 불을 끈다.
5. 하룻밤을 두었다가 다시 약 불에 2시간 끓인다.
6. 대추영지차를 체에 걸러 꿀을 기호에 맞게 넣는다.

모과차

재료. 모과 3개(1kg), 설탕 700kg, 꿀 1컵

만드는 법

1. 모과는 깨끗이 씻어 8등분하여 씨를 뺀다.
2. 모과는 채반에 건져 물기를 제거한다.
3. 모과를 채 썬다.
4. 용기에 모과와 설탕을 차례차례 넣고 윗부분은 설탕으로 채운다.
5. 꿀을 붓는다.
6. 한 달 정도 두었다가 물에 타서 마신다.

배숙

재료. 배(150g)1/4개, 통후추15개, 생강 30g, 황설탕 30g, 백설탕 20g,잣 1작은술

만드는 법

1. 생강은 껍질을 벗기고 얇게 썰어 물 3컵을 넣고 끓인다
2. 배는 3등분하여 반듯한 모양으로 씨를 자르고 모서리를 다듬는다.
3. 다듬은 배의 등 쪽에 통후추를 3개씩 빠지지 않게 깊숙이 박는다.(사진1)
4. 끓인 생강물을 체에 걸러 냄비에 담고 설탕과 배를 넣고 끓인다.(사진2)
5. 배가 투명해지면 꺼내어 배가 잠기도록 국물을 붓고 잣을 띄운다.

①

②

생맥산차

재료. 맥문동 30g, 건삼15g, 오미자15g, 꿀 3큰술, 잣 1작은술

만드는 법

1. 맥문동, 건삼, 오미자를 물에 씻어 놓는다
2. 냄비에 건삼과 물을 넣고 약 불로 1시간 끓인다.
3. 맥문동을 넣어 30분 정도 끓이다가 오미자를 넣어 15분정도 더 끓인다.
3. 맥문동, 건삼, 오미자는 건지고, 기호에 맞게 꿀을 넣는다.
4. 생맥산에 잣을 띄운다.

수정과

재료. 생강 50g, 물 6컵, 통계피 30g, 물 6컵, 황설탕 1/2컵, 곶감 2개, 잣 1작은술

만드는 법

1. 생강의 껍질을 벗겨서 얇게 저민다. 물을 부어 은근한 불에 끓여 고운체에 거른다.(사진1)
2. 통계피도 속까지 깨끗이 씻어 물을 넣어 약 불에 끓여 고운체에 거른다.(사진2)
3. 생강물과 통계피물을 합하여 설탕을 넣어 끓여서 식힌다.(사진3)
4. 곶감은 작고 주머니 모양으로 생긴 것을 골라서 씨와 꼭지를 떼고 모양을 둥글납작하게 만져 놓는다.
5. 화채그릇에 곶감을 담고 수정과를 넣어 잣을 띄운다.

①

②

③

식혜

재료. 엿기름 2컵(180g), 물 15컵, 찹쌀 1컵, 멥쌀 1컵, 생강 20g, 설탕 2컵, 잣 1큰술

만드는 법

1. 엿기름가루는 미지근한 물에 1시간 정도 불린다 .
2. 불린 엿기름을 바락 바락 주물러 고운체에 거른다.(사진1)
3. 엿기름의 윗물이 맑아지면 윗물만 가만히 따르고 남은 앙금은 버린다.
4. 쌀은 씻어 2시간 정도 불려 찜기에 1시간 정도 찐다.
5. 엿기름물과 고두밥을 섞어 보온밥통에 담는다.(사진2)
6. 미지근한 온도로 5~6시간 두어 당화시킨다.(사진3)
6. 밥알이 떠오르면 밥알만 건져 내어 헹구어 찬물에 담가 둔다.
7. 삭힌 엿기름물은 저민 생강과 설탕을 넣어 20~30분 정도 약한 불에 끓인다.(사진4)
8. 끓이면서 떠오르는 거품을 걷어낸다.
9. 식혜 국물에 밥알을 건져 띄우고 고깔 뗀 잣을 3~4알 띄운다.

①

②

③

④

오과차

재료. 마른 모과 50g, 대추 20개, 황률 15개, 은행 20개, 호두 10개, 물 10컵, 꿀 1/2컵, 잣 1큰술

만드는 법

1. 마른 모과와 대추, 황률은 깨끗이 씻어 준비한다.
2. 준비한 황률은 절구에 넣고 3~4 등분 정도가 되게 찧는다.
3. 은행은 볶아 껍질을 벗긴다.
4. 호두는 뜨거운 물에 담가 속껍질을 벗겨 놓는다.
5. 냄비에 준비한 재료와 물을 넣고 약 불에 푹 달여 물의 양이 반쯤 줄었을 때 체 에 거른다.
6. 그릇에 담아 기호에 맞게 꿀을 넣고 잣을 띄워 낸다.(건삼, 통계피, 귤피말린것을 넣기도 한다.)

오미자창면

재료. 오미자 1컵, 설탕 $1\frac{1}{2}$컵 또는 꿀$\frac{1}{2}$컵, 물10컵, 녹두녹말 3큰술, 잣 약간

만드는 법

1. 오미자는 티를 골라내고 살짝 씻는다.
2. 찬물에 8시간 이상 담가 색이 곱게 우러나게 한다.
3. 고운 면보에 오미자국물을 거르고 꿀을 넣는다.
4. 녹두녹말에 물을 섞어 접시에 담는다.
5. 냄비에 물을 넉넉히 끓여 녹두녹말 담은 접시를 한쪽부터 넣는다.
6. 녹두녹말이 투명하게 익으면 찬물에 넣는다.
7. 녹두녹말을 꺼내 채를 썰어 오미자국물에 띄운다.
8. 잣을 고깔을 떼고 오미자 물에 띄운다.

우엉차

재료. 우엉 2개(500g)

만드는 법

1. 우엉은 중간 크기로 골라 깨끗이 씻는다.
2. 우엉은 연필 깍 듯 얇게 썬다.
3. 우엉을 채반에 펴서 꾸득꾸득 말린다.
4. 팬이 미지근해지면 우엉을 넣고 약 불에서 5분 정도 볶는다.
5. 한지 위에 우엉을 펴서 식힌다.
6. 다시 팬에 우엉을 넣고 약 불에 볶기를 3-9번 한다.
7. 우엉을 펴서 바싹 마르면 보관해 둔다.
8. 우엉은 뜨거운 물에 우리거나 끓여 마신다.

원소병

재료. 찹쌀가루 2컵, 치자 1개, 오미자 3큰술, 쑥가루 1큰술, 녹말 3큰술, 잣 2큰술
소. 대추 3개, 유자청 1작은술, 귤병 2조각
국물. 물 8컵, 꿀 1/2컵

만드는 법

1. 찹쌀가루 2컵을 4등분 한다.
2. 치자는 반 쪼개 물에 우려 찹쌀가루에 섞는다.
3. 오미자는 동량의 물에 하룻밤 담가 두었다가 고운체로 밭쳐 찹쌀가루에 섞는다.
4. 찹쌀가루에 쑥가루를 섞는다.(사진1)
5. 대추, 유자청, 귤병을 곱게 다져 섞어서 소를 만든다.
6. 4등분을 하여 둔 찹쌀가루를 각각 설탕물로 익반죽하여 노랑, 빨강, 파랑, 흰색으로 반죽한다.(사진2)
7. 반죽을 은행알 크기로 떼어 소를 넣고 뭉쳐 둥그렇게 빚는다.
8. 반죽하여 빚은 것에 녹말을 씌워 끓는 물에 삶아 동동 떠오르면 건져 찬물에 담갔다가 건진다.
9. 원소병을 화채 그릇에 담고, 꿀물이나 설탕물을 부은 다음, 잣을 띄워낸다.

①

②

③

유자화채

재료. 유자 3개, 밤 5개, 대추 10개, 설탕 2컵, 물 5컵

만드는 법

1. 유자는 껍질째 깨끗이 씻어 강판에 살짝 껍질을 벗긴다.(사진1)
2. 냄비에 물이 끓으면 소금을 넣고 유자를 살짝 데친다.(사진2)
2. 밤은 껍질 벗겨 곱게 채 썬다.
3. 대추는 깨끗이 씻어 씨를 빼고 돌려 깍아 곱게 채 썬다.(사진3)
4. 물과 설탕을 끓여서 시럽을 만들어 차게 식힌다.
5. 유자는 밑동은 붙어 있게 6등분하여 속을 꺼내고 씨를 빼낸다.
6. 유자 씨를 빼낸 소를 채 썰고 밤채, 대추채와 섞어 설탕에 버무린다.
7. 유자 껍질을 벌려 버무린 소를 채운다.(사진4)
8. 유자 껍질을 오므리고 소가 빠지지 않도록 실로 묶는다.
9. 항아리에 담고 설탕시럽을 붓는다.

②

③

포도차

재료. 포도 150g, 배 50g, 생강 10g, 물 5컵,
꿀 적당, 설탕 1큰술, 소금 1g

만드는 법

1. 포도, 배, 생강은 물로 깨끗이 씻어 물기를 뺀다.
2. 포도는 포도알을 모두 따 놓는다.
3. 배는 껍질을 벗겨 채 썰고, 생강은 껍질을 벗겨 강판에 갈아서 즙을 낸다.
4. 냄비에 포도와 배, 물을 넣고 불에 올려 끓인다. 끓기 시작하면 중간불로 낮추어 15분정도 끓여 생강즙을 넣고 꿀, 설탕, 소금을 넣는다.
4. 체에 걸러 차게 식힌 포도차에 가늘게 채 친 배를 띄운다.

[참고문헌]

강인희(1987). 한국의 맛. 대한교과서
강인희(1997). 한국의 떡과 과즐. 대한교과서
김덕희(2006). 떡 · 한과 · 음청류. 백산출판사
김명순외 13인(2007). 떡과 전통과자. 교문사
김명희 외 5인(2017). 한국의 갖춘음식. 백산출판사
김상보(2004). 조선왕조 궁중의궤음식문화. 수학사
김수인(2015). 한식디저트. 파워북.
윤숙자(2004). 한국의 떡 · 한과 · 음청류. 지구문화사
윤숙자(2007). 한국의 저장발효음식. 신광출판사
윤숙자(2009). 떡이 있는 풍경. 질시루
윤숙자(2010). 신바람나는 퓨전 떡 만들기. 질시루
이영옥외 2인(2012). 우리 떡 · 한과. 대왕사
장지현 외 11인(2001). 한국음식대관 제4권 발효음식 저장 가공식품. 한림출판사
전희정 외 1인(2013). 전통저장음식. 교문사
정길자 외 4인(2010). 한국의 전통병과. 교문사
정재홍외 8인(2002). 한국의 떡. 형설출판사
정재홍외 8인(2003). 고품격 한과와 음청류. 형설출판사
최순자(2008). 보기 좋은 떡 먹기 좋은 떡. BnC월드
최순자(2006). 한국의 떡. 한국외식정보
최은희외 4인(2008). 떡의 미학. 백산출판사
한복려 외 1인(2013). 한국인의 장. 교문사
현영희외 2인(2009). 병과 및 음청. 백산출판사
황현주 외 9인(2014). 전통한식과 약선요리. 지구문화사
황혜성외 3인(2010). 3대가 쓴 한국의 전통음식. 교문사
황혜성 외 2인. 조선왕조궁중음식. (사)궁중음식연구원

전은선학생, 노현애학생, 신단비학생, 하종원학생
서은지학생, 김혜민학생, 최봉순교수, 김현진학생

저자약력

최 봉 순

현) 혜전대학교 호텔조리외식계열 한식전공교수
경기대학교 관광학 박사
한국조리기능장
2007 남북정상회담 만찬 자문위원
(주)원앤원 메뉴 자문

저서) 알고 먹으면 좋은 우리 식재료 Q & A
고향의 맛 향토음식
한국음식과 중국식 찬

저절로 손이 가는 떡 · 한과 · 음청류

2017년 2월 16일 (1판 1쇄 인쇄) / 2017년 2월 23일 (1판 1쇄 발행)
지은이. 최봉순
펴낸이. 고범석 | 펴낸곳. 가담플러스. 서울시 마포구 동교로 144-7 영일빌딩
등록. 2014년 3월 18일 제 2014-000094호
E-mail. gadambooks@naver.com
www.gadamplus.com

이 책은 저작권법에 의거 보호됩니다.
ISBN 979-11-86447-17-8 13590 가격 **24,000**원